TECHNOLOGIES DE L'INRMATION ET DE LA COMMUNICATION POUR LE DÉVELOPPEMENT EN AFRIQUE

Volume 1

Potentialités et défis pour le développement communautaire

Sous la direction de Ramata Molo Thioune

Centre de recherches pour le développement international
Ottawa • Dakar • Le Caire • Montevideo • Nairobi • New Delhi • Singapour

Conseil pour le développement de la recherche en sciences sociales en Afrique

© Centre de recherches pour le développement international 2003

**Publié conjointement par le Centre de recherches
pour le développement international (CRDI)**
BP 8500, Ottawa (Ontario) Canada K1G 3H9
http://www.crdi.ca
**et le Conseil pour le développement de la recherche
en sciences sociales en Afrique (CODESRIA)**
BP 3304, Dakar (Sénégal)
http://www.codesria.org
ISBN 2-86978-113-x   ISBN-13: 978-2-86978-113-9

**Données de catalogage avant publication de la Bibliothèque nationale
du Canada**
Vedette principale au titre:
Technologies de l'information et de la communication pour le développement
en Afrique.
Volume 1: Potentialités et défis pour le développement communautaire

Publ. en collaboration avec CODESRIA.
ISBN 1-55250-000-4   ISBN-13: 978-1-55250-000-2

1. Technologie de l'information — Afrique.
2. Communication en développement communautaire — Afrique.
3. Développement communautaire — Afrique.
I. Thioune, Ramata Molo
II. Centre de recherches de développement international (Canada)
III. Codesria.
HC805.I55T42 2002   338.9'26'096   C2002-980179-6

▓ Table des matières

Chapitre 1

Introduction

Chapitre 2

Contexte des TIC en Afrique: cas de l'Afrique du Sud, du Kenya, de l'Ouganda et du Sénégal

Chapitre 3

Technologies de l'information et de la communication: attentes des communautés africaines

Chapitre 4

Utilisation des TIC: effets sur les communautés africaines

Chapitre 5

Introduction et appropriation des TIC: défis et perspectives

▨ Contributeurs

Thioune, Ramata Molo Aw, *Analyste des connaissances et évaluateur de recherche, Acacia/CRDI- Dakar, Sénégal.*

Sène, Khamathe, *Ingénieur polytechnicien et consultant, Sénégal.*

Burton, Simon, *Enseignant en sociologie à l'Ecole des études sociales et humaines de l'université du Natal en Afrique du Sud.*

Etta, Florence Ebam, Akin Aina, *Analyste des connaissances et évaluateur de recherche, Acacia/CRDI-* Nairobi, Kenya.

Agonga, Aquinata, Assistante de recherche (*Kakamega, Kenya*).

Katia, Salome, Assistante de recherche *(Makueni, Kenya).*

Narathius, Asingwire, *chef du Département du travail et de l'administration sociale à l'Université Makerere, en Ouganda.*

Revue et commentaires

Dr Rathgeber, Eva M., Chaire conjointe en études des femmes, Université d'Ottawa, Canada.

▓ Liste des graphiques

▓ Liste des tableaux

Liste des acronymes et abréviations

Acacia	Communautés et société de l'information en Afrique
AHI	Initiative des hauts plateaux de l'Afrique
ASC	Association sportive et culturelle
CCK	Communications Commission of Kenya
CEEWA	Conseil pour le renforcement des capacités économiques des femmes en Afrique
CIC	Centre d'information communautaire
CRC	Centre de ressources communautaires
CRDI	Centre de recherches pour le développement international
ELSA	Evaluation and learning system for Acacia
ENDA	Environnement développement Afrique
EVF	Education à la vie familiale
FASI	Family Support Institute
FNUAP	Fonds des Nations Unies pour la population
FRAO	Fondation rurale de l'Afrique de l'Ouest
GEEP	Groupe pour l'étude et l'enseignement de la population
GPF	Groupement de promotion féminine
GRTV	Gestion et réhabilitation des terroirs villageois
IBA	Independent Broadcasting Authority
ICASA	Independent Communication Authority of South Africa

ICRAF	Centre International d'agroforesterie
ISP	Internet Service Provider
KCL	Kencell Communications Limited
KPTC	Kenya Post and Telecommunications Corporation
MISR	Institut de recherche sociale de Makerere
NCS	National Communications Secretariat
GRN	Gestion des ressources naturelles
ONG	Organisation non gouvernementale
OSIRIS	Observatoire sur les systèmes d'information, les réseaux et les inforoutes au Sénégal
PCK	Postal Corporation of Kenya
PME	Petites et moyennes entreprises
RNIS	Réseau numérique à intégration de services
SATRA	South African Telecommunications Regulatory Authority
SONATEL	Société nationale de télécommunications du Sénégal
TCP	Télécentre communautaire polyvalent
TIC	Technologies de l'information et de la communication
TKL	Telkom Kenya Limited
TPS	Fondation Trade Point/Sénégal
UATIC	Utilisation et appropriation des technologies de l'information et de la communication
UTL	Uganda Telecom Limited

▓ Préface

Le continent africain fait face à de nombreux défis dont l'un des plus importants est celui de son intégration dans la société de l'information. L'enjeu est de montrer comment briser son isolement par la réduction de la fracture numérique constatée et faciliter son intégration dans l'économie et la société de l'information.

Dans une démarche avant-gardiste et convaincu que la recherche, par la production de savoir et de connaissances applicables, peut contribuer significativement à un meilleur développement, le Centre de recherches pour le développement international (CRDI) a lancé le programme Acacia, exclusivement consacré à l'Afrique, comme une réponse à une demande des Africains pour sortir leur continent du sous-développement. En lançant Acacia, le CRDI, riche de l'expérience acquise dans le domaine de la recherche-développement, a voulu contribuer concrètement à la production d'un savoir endogène et d'une banque de connaissances essentiellement africains, portant sur le rôle des technologies de l'information et de la communication dans le processus de développement économique et social. Cette banque de connaissances et de savoir devrait servir de support aux prises de décisions éclairées dans le sens de l'inclusion du continent dans cette ère nouvelle.

Les projets Acacia de recherche-action développés et exécutés en partenariat avec des acteurs du développement et des chercheurs africains ont été orientés vers l'apprentissage. C'est donc dans cette logique d'apprentissage, de production et de partage des connaissances que le programme a entrepris, par l'entremise de sa composante évaluation, une documentation systématique de l'expérience menée en Afrique sub-saharienne.

Cet ouvrage synthétise les résultats de la première «génération» de projets pilotes d'introduction des TIC dans des communautés les plus touchées par le phénomène de la pauvreté, tout en faisant ressortir les opportunités et les défis qui se posent à ces communautés dans leur tentative d'utilisation et d'appropriation des TIC en vue d'une insertion dans la nouvelle économie. Ces résultats sont analysés en termes de conditions, de processus, de méthodes et de stratégies d'introduction et d'appropriation des TIC.

Cet ouvrage, fruit d'une collaboration entre le CRDI et les institutions et communautés africaines, vient à point nommé et nous espérons que ses lecteurs utiliseront les résultats qu'il contient pour que les TIC soient des outils effectifs au service du développement durable de l'Afrique.

Le Conseil pour le développement de la recherche en sciences sociales en Afrique (CODESRIA), en acceptant de co-publier ce document, conforte le CRDI dans sa démarche partenariale et dans sa profonde conviction que le développement de l'Afrique doit et peut être réalisé avec et pour les Africains.

Maureen O'Neil
Présidente
Centre de recherches pour
le développement
international

Adebayo O. Olukoshi
Secrétaire exécutif
Conseil pour le développement
de la recherche en sciences
sociales en Afrique

Avant-propos

Depuis quelques décennies, la communauté internationale a constaté que le fossé numérique continue à se creuser entre les pays développés et l'Afrique d'une part et d'autre part à l'intérieur des pays africains, entre les élites et les populations moins nanties et défavorisées.

Il est tacitement admis que les nouvelles technologies de l'information et de la communication peuvent servir de levier pour accélérer le développement économique de l'Afrique et des communautés pauvres de ce continent. Il semble y avoir une convergence consensuelle sur le rôle transformateur des TIC. Toutefois, il faut admettre que tous les contours de ces transformations ne semblent pas être bien appréhendés; de plus, le degré et la vitesse des changements ne sont pas bien connus et maîtrisés. Il est important de voir les implications de ces changements pour les communautés pauvres que les TIC sont censées servir.

Le domaine des TIC pour le développement est encore relativement méconnu et des études et investigations continues devraient permettre de générer des hypothèses nouvelles qui seront continuellement testées et les résultats mis à la disposition des décideurs pour la prise de décisions rapides conformément au rythme d'évolution que connaît le domaine des TIC.

Le CRDI, dans son rôle avant-gardiste, répondant à l'appel de l'Afrique lancé en 1996 lors de la conférence de Midrand en Afrique du Sud, a initié le programme Acacia, un programme de recherche, qui devrait contribuer à éclairer les décideurs africains et leurs partenaires sur les voies et moyens les plus rapides et les plus appropriés pour lutter contre cette fracture numérique. Depuis avril 1997, ce programme est mis en œuvre et présente l'originalité d'être un programme de recherche centré sur les communautés de base, notamment défavorisées ou marginalisées de l'Afrique sub-saharienne.

Selon une hypothèse principale stipulant que les TIC peuvent permettre aux communautés pauvres de l'Afrique de trouver de nouvelles voies pour améliorer leur niveau de vie dans le sens d'un meilleur développement, le programme Acacia dans une démarche de recherche-action, a initié un certain nombre de projets sur les thèmes de la gouvernance, de l'emploi et de l'entrepreneuriat, de la gestion des ressources naturelles et de la santé, entre autres.

En mai 2000, lors de la réunion annuelle de l'équipe Acacia tenue à Nairobi, le besoin urgent d'apprendre des expériences menées et de les diffuser à une large échelle a été exprimé par l'ensemble des participants. Au cours de ce même mois à Kampala en Ouganda, l'équipe du Système d'évaluation et apprentissage d'Acacia (Elsa) s'est réunie pour établir un programme d'action visant à évaluer la recherche menée depuis le lancement du programme Acacia et à répondre au besoin en information du CRDI et de ses partenaires. Lors de cette réunion, il a été décidé de mener des études d'envergure panafricaine, centrées sur les communautés, pour documenter les activités d'Acacia.

Deux des études portent sur les infrastructures et modalités d'accès aux TIC testées dans le cadre du programme Acacia (l'étude sur les télécentres communautaires et l'étude sur les réseaux d'écoles). La troisième étude plus transversale, objet de cet ouvrage, cherche à montrer la valeur ajoutée des projets Acacia et des TIC sur les communautés de base bénéficiaires de ces projets et dans les processus de développement qu'elles mettent en œuvre.

Au titre de la contribution au processus d'apprentissage, les chercheurs impliqués dans cette étude essayent de répondre à des questions centrées sur l'accès des communautés aux TIC, accès analysé dans le sens de la disponibilité, de la capacité d'utilisation et de saisie des opportunités offertes par les TIC pour tous les membres des communautés. Il y est aussi tenté de répondre aux problématiques liées au processus d'introduction des TIC, à celles axées sur le niveau de participation des communautés et sur leurs réponses à ces nouvelles technologies. Des éléments de réponse aux questions de l'adaptabilité de ces technologies et des effets des TIC sur les communautés sont aussi proposés.

Les résultats de cette étude sont destinés à la direction du programme Acacia et à celle du CRDI, et à leurs partenaires pour leur permettre d'améliorer les initiatives en cours et d'orienter les programmes futurs. Ils peuvent aussi intéresser les organisations ou les chercheurs travaillant dans le domaine des TIC, mais aussi les ONG, les gouvernements africains et les bailleurs de fonds, entre autres, pour des futurs programmes de TIC.

xvi

Précisons que dans cette étude, il ne s'agit point de vérifier définitivement l'hypothèse majeure d'Acacia; loin s'en faut. Il s'agit plutôt d'une étude exploratoire, descriptive, centrée sur les communautés, sur leurs réactions et leurs comportements vis-à-vis d'une innovation technologique qui devrait apporter des changements profonds dans la vie quotidienne de ces communautés dans le sens d'une amélioration de leurs conditions de vie. L'étude cherche aussi à faire ressortir les processus, les changements observés au sein de ces communautés, à décrire les conditions optimales de mise en œuvre des projets de TIC dans des environnements pauvres, entre autres.

Cet ouvrage est le résultat de la synthèse de quatre études de cas menées dans les communautés choisies, études ayant concerné des zones rurales et péri-urbaines de l'Afrique du Sud, du Kenya, de l'Ouganda et du Sénégal. L'étude de cas menée au Kenya a porté notamment sur des communautés qui ne sont pas encore en contact avec les nouvelles TIC (cf. cadre conceptuel) et suggère qu'à cette étape du processus, les communautés ont besoin d'abord d'une formation et des informations sur les TIC elles-mêmes et sur les opportunités qu'elles peuvent offrir. Celle menée en Ouganda a présenté le cas de communautés qui sont à un début de contact avec les nouvelles TIC et qui commencent à percevoir les utilisations possibles de ces outils, notamment dans leurs domaines d'activités. Au Sénégal, l'étude de cas menée montre que les TIC sont effectivement utilisées par les populations notamment dans leurs activités quotidiennes et à des fins personnelles. Même si les utilisations sont plus individualisées dans ces communautés étudiées, une appropriation et des utilisations à des fins communautaires sont amorcées. Pour ce qui est de l'Afrique du Sud, une évaluation du projet «Msunduzi» a été menée et elle décrit une utilisation assez avancée des TIC (confection et utilisation de sites web) à des fins socio-économiques, dans le domaine de l'environnement en particulier.

L'ouvrage s'articule autour de quatre chapitres. Le chapitre premier est consacré à l'introduction et le chapitre II au contexte des TIC dans les quatre pays concernés par l'étude; les chapitres III et IV sont centrés essentiellement sur les résultats des projets et sur les principales leçons retenues sur le processus d'introduction et d'appropriation des TIC par des communautés pauvres.

Le chapitre premier situe la problématique des TIC pour le développement en général, en plus de décrire le contexte spécifique des

TIC dans les pays concernés par cette étude. En outre, les problématiques de recherche et le cadre conceptuel y sont présentés.

Le chapitre deux présente un survol du contexte des TIC en Afrique du Sud, au Kenya, en Ouganda et au Sénégal. Il fait ressortir les différents changements institutionnels et réglementaires mis en œuvre dans ces pays pour développer des infrastructures de télécommunications. Toutefois, il faut remarquer une absence de politique cohérente et systématique pour l'intégration des TIC dans tous les domaines de la vie économique et sociale des communautés. Par ailleurs, il est observé une bipolarisation dans ces pays pour ce qui est des infrastructures et des utilisations des TIC: la plupart des infrastructures et des utilisateurs sont localisés dans les grands centres urbains, en particulier dans la capitale, tandis que les zones rurales sont peu desservies.

Au chapitre trois, il est procédé, dans une approche comparative, à la présentation des effets attendus versus observés des TIC dans les communautés de l'Afrique sub-saharienne, à travers quelques projets de recherche du programme Acacia. Des changements positifs sont notés par les utilisateurs sur les activités individuelles et collectives et sur leur environnement montrant le potentiel transformatif des TIC.

Le chapitre quatre fait ressortir les problématiques majeures et les défis posés à l'appropriation des TIC pour le développement; ces défis concernent aussi bien les décideurs, les chercheurs, les structures de développement, que les communautés elles-mêmes; des perspectives en matière de recherche y sont également dégagées.

Cette étude sera suivie, sur une base continue, d'une série d'études plus systématiques mais portant sur des thèmes plus précis dans le sens des hypothèses et des problématiques générées au cours du processus de recherche.

Edith Adera, Chef d'équipe Acacia/CRDI
Alioune Camara, Spécialiste principal de programme, Acacia/CRDI

▓ Remerciements

Ce document est le fruit d'un travail collectif et participatif d'une équipe dynamique, aux ressources et aux compétences diversifiées.

Nous remercions tous ceux qui, par leur expertise et leur dévouement, ont contribué à cette réalisation, particulièrement l'ensemble de l'équipe Acacia.

Nos remerciements sont adressés particulièrement à nos collègues du CRDI : Alioune Camara, Bill Carman, Fred Carden, et Laurent Elder pour leur support sans faille et pour leur contribution intellectuelle et méthodologique significative dans le processus de production de ce document.

Nos remerciements sont aussi adressés à Edith Adera, chef d'équipe de l'initiative de programme Acacia, qui n'a ménagé aucun effort pour la réalisation de ce travail.

Nous remercions les chercheurs africains qui ont mené les études de cas dans leur pays respectif avec un grand professionnalisme et qui ont significativement contribué à ce travail. Ces remerciements sont étendus aux enquêteurs, aux communautés africaines auprès desquelles les informations utilisées sont recueillies et qui ont participé activement à la validation des résultats consignés dans ce document.

Ces remerciements sont élargis à l'ensemble du personnel du CRDI au Bureau régional pour l'Afrique du Centre et de l'Ouest pour leur support logistique et matériel lors des ateliers participatifs de collecte et de validation des résultats de l'évaluation.

Ramata Molo Thioune

Chapitre 1

Introduction

Problématique des TIC pour le développement en Afrique

Depuis plusieurs années, les TIC font l'objet d'un intérêt tout particulier. Selon la Commission des sciences et de la technologie au service du développement, les TIC «revêtiront une importance cruciale pour le développement durable dans les pays en développement» (Credé et Mansell 1998).

Au cours des deux dernières décennies, la plupart des pays développés ont connu des changements significatifs attribués aux TIC; ces changements multidimensionnels (technique, financier et économique, culturel, social, géopolitique) sont observés dans presque tous les domaines de la vie: activités économiques, éducation, communications, loisirs, voyages, etc. De plus, les changements notés dans ces pays ont conduit à ce qui est désormais appelé «la société du savoir». Les TIC ont permis de trouver des voies et moyens rapides d'accès et de distribution de l'information, et de nouveaux moyens de mener des affaires, ceci à temps réel et à moindre coût. Cependant, il est constaté un écart considérable entre les pays en développement, notamment d'Afrique et les pays développés quant à la contribution des technologies de l'information et de la communication (TIC) et la création de richesses.

Dans la même perspective, il est constaté une tendance à l'élargissement du fossé entre les pays développés, fournisseurs de technologies et les pays en développement, récepteurs, d'une part et de l'autre entre les élites et les communautés de base au sein des pays quant à l'accès aux TIC. Si des mesures visant à assurer à la fois le caractère abordable des TIC et leur facilité d'utilisation n'étaient pas prises, l'accès à ces TIC serait insignifiant en soi au sein des pays en développement.

Plusieurs initiatives ont été prises sur le plan international pour appuyer les efforts de l'Afrique dans le développement d'une infrastructure et des services de communication interconnectés avec les autoroutes mondiales de l'information pour permettre à ces pays de trouver des moyens permettant de raccourcir les chemins vers le développement durable et soutenu. Même si d'une façon intuitive la plupart des acteurs s'entendent sur le rôle positif que les TIC peuvent jouer pour le développement, il n'en demeure pas moins que les liens entre le développement et l'usage des TIC n'ont pas encore été clairement établis et rigoureusement étayés par des faits réels et à partir d'expériences vécues en Afrique.

Les TIC ont joué certes un rôle important dans les pays développés, mais la structure économique de ces pays ne favorise-t-elle pas ce rôle joué par les TIC pour le développement ? Davison *et al.* (2000) semblent accréditer cette idée en affirmant que dans les pays développés, l'évolution des TIC a été étroitement liée à la puissance et à la prospérité économique de ces pays et qu'il y a une forte corrélation positive entre le niveau de développement et l'adoption de technologies de plus en plus sophistiquées et complexes.

Les nouvelles technologies (numériques) bien qu'impressionnantes, ne peuvent à elles seules déterminer les changements attendus de leurs utilisations; elles ne sont que des catalyseurs pour faciliter ces changements. Comme toute autre technologie, c'est le contexte social dans lequel elles sont introduites et mises en œuvre qui détermine leurs utilisations et leurs impacts. La révolution numérique n'est pertinente pour l'Afrique que dans la mesure où elle tient compte des réalités et aspirations quotidiennes des individus (Uimonen 1997).

Davison *et al.* (2000) renchérissent en affirmant que les TIC ont, dans une large mesure, été développées dans le contexte et pour les normes culturelles et sociales de quelques pays riches (Europe de l'Ouest, Amérique du Nord et Asie de l'Est et du Sud-Est, Australie), sachant que l'innovation répond aux pressions du marché et non aux besoins des pauvres, le pouvoir d'achat de ces derniers étant trop faible (PNUD 2001).

Une autre étude menée par l'UIT (1997) montre que les facteurs suivants sont fortement corrélés à l'introduction et à la diffusion de l'Internet en particulier: la richesse, les infrastructures de télécommunication (qualité et nombre), le nombre d'ordinateurs personnels, les coûts peu élevés de communication (téléphone et Internet), la langue, l'éducation et la formation.

2

Or, il est reconnu que l'Afrique connaît l'un des taux de croissance les plus faibles du globe et aussi un faible niveau des infrastructures de tous ordres.

Nous irons dans le sens du PNUD (2001), qui estime que, même si une croissance économique soutenue facilite la création et la diffusion d'innovations utiles, la technologie n'est pas seulement une résultante de la croissance, mais elle peut être mise au service de la croissance et du développement. Les TIC sont créditées d'un caractère transformateur et des changements profonds et significatifs sont attendus, qui résultent de leur utilisation élargie en Afrique. Et de ce point de vue, les pays d'Afrique peuvent tirer largement profit des nouvelles technologies, même si des défis importants sont à relever dont celui d'adapter les nouvelles TIC aux conditions et aux utilisations locales et chaque pays devant être en mesure de comprendre les innovations pour les adapter à ses propres impératifs de développement.

L'enjeu du développement en Afrique repose donc sur sa capacité de création de richesses pour d'abord la réduction significative de la pauvreté, mais aussi pour hisser à des niveaux jamais atteints et de façon soutenue sa capacité de création de richesses. Les observateurs les plus optimistes estiment qu'avec l'ère des nouvelles technologies et des réseaux, il se présente aux pays africains une opportunité sans précédent d'accéder, de profiter, mais surtout de contribuer pleinement à ce nouveau monde basé sur la connaissance, car en fait l'information juste et fiable est un élément clé pour le développement durable (Brodnig *et al.* 2000)

En juin 1996, la Commission des sciences et de la technique au service du développement (CSTSD), en collaboration avec le CRDI à travers un groupe de réflexion sur les TIC et le développement, a proposé cinq indicateurs de développement axés sur l'amélioration de la qualité de vie des populations: éducation, santé, revenu, gouvernance et technologie.

Si l'on considère que ces cinq indicateurs sont des indicateurs-clé de développement pour les pays africains en général, les TIC ne peuvent être socialement bénéfiques que si elles contribuent à l'élimination de la pauvreté (hausse des revenus), à l'amélioration de la santé et de l'éducation, à une meilleure utilisation et un partage équitable des ressources, au renforcement de la participation dans les processus de prises de décision. À ce titre l'accès à l'information est cruciale.

Cadre général

Depuis quelques années les acteurs du développement accordent de plus en plus d'intérêt au rôle que les TIC peuvent jouer dans le développement. Cependant, il est aussi observé l'absence criarde de données empiriques (essentiellement quantitatives) pour vérifier ce lien. Plusieurs études ont été menées par la communauté scientifique s'intéressant à ces questions; toutefois, la plupart des recherches et études menées portent sur les niveaux «macro» et «meso». Les aspects «micro», c'est-à-dire ceux qui intéressent spécifiquement les communautés de base, ne sont pas suffisamment étudiés et documentés.

Dans cet ouvrage, nous tentons, à travers les expériences du programme Acacia en Afrique du Sud, au Kenya, en Ouganda et au Sénégal, de montrer le potentiel des TIC pour le développement en Afrique sub-saharienne, mais aussi de recenser les défis majeurs auxquels les communautés sont confrontées dans le processus d'appropriation des TIC pour le développement.

Cet ouvrage est la synthèse de plusieurs documents évaluatifs; son objectif est de partager les leçons tirées de cette expérience accumulée au sein du programme Acacia en termes de processus, de ressources, de produits et de comportements entre autres, une expérience menée avec des communautés de base (individus, organisations) de l'Afrique sub-saharienne.

Méthodologie

L'approche méthodologique utilisée dans cette étude est essentiellement participative, inspirée de la démarche même du programme Acacia et de sa composante ELSA (voir annexe 1).

Rappel des processus d'élaboration de l' étude

La préparation de l'étude s'est déroulée dans une démarche participative et itérative et a nécessité la consultation de différents partenaires, chercheurs et acteurs du développement.

En mai 2000 à Kampala, lors de la réunion d'ELSA, le besoin de mener cette étude a d'abord été exprimé par les représentants du CRDI et ces préoccupations sont résumées dans la question suivante: quelles sont les principales leçons retenues du programme Acacia, précisément les effets sur le développement des communautés ciblées? En août 2000 s'est tenu à

4

Nairobi un atelier méthodologique qui avait regroupé différents partenaires du programme Acacia venus d'horizons divers, mais ayant tous des intérêts pour les TIC. Le but de cet atelier était de parvenir à un consensus sur les questions d'évaluation et sur la méthodologie à suivre, sachant que cette étude concerne plusieurs pays (Afrique du Sud, Kenya, Sénégal, Ouganda) et plusieurs chercheurs. Un produit important de cet atelier est la matrice d'évaluation qui a servi de base à l'élaboration du plan d'orientation méthodologique et des outils quantitatifs et qualitatifs de collecte de données qui ont été partagés par toutes les parties prenantes et adaptés en fonction des spécificités régionales. À partir de septembre 2000, l'étude est lancée et conduite dans les différents pays et un atelier de restitution et de validation des résultats des évaluations a été organisé au niveau de chaque pays.

Problématiques et questions d'évaluation

Les questions d'évaluation ont été identifiées par l'ensemble des participants à l'atelier méthodologique de Nairobi en août 2000 selon une démarche et un processus participatifs.

Sur la base des objectifs assignés à cette étude, les participants ont d'abord identifié les questions majeures ou thèmes majeurs d'évaluation. L'étape suivante a été la détermination des principales questions de recherche et par la suite les questions spécifiques sont identifiées par le groupe et l'étape suivante a consisté à déterminer pour chaque question, les informations pertinentes à collecter, les sources d'informations et les méthodes de collecte appropriées.

Les questions principales ou thèmes principaux d'évaluation

- L'environnement économique, technique, politique et social dans lesquels les TIC ont été introduites.
- L'accès des communautés aux TIC.
- La participation des communautés dans le processus d'introduction des TIC.
- Les réponses des communautés aux TIC.
- Les technologies introduites.
- Les applications et contenus développés avec l'introduction des TIC.
- Les effets de l'introduction et de l'utilisation des TIC par les communautés.

- Le renforcement des capacités traité de façon transversale, à travers les différents points et groupes analysés.

Méthodes et outils de collecte de données

L'analyse du contenu des différents rapports régionaux est privilégiée. Pour l'établissement des rapports régionaux, la collecte de données a été menée sur la base des méthodes identifiées lors de l'atelier de Nairobi, et en tant que point focal de cette étude, l'équipe des chercheurs/évaluateurs du CRDI à Dakar a adapté les méthodes les plus appropriées et par conséquent, identifié les supports de collecte qui conviennent le plus. C'est ainsi qu'une gamme variée d'outils et d'instruments de collecte ont été établis. Il a été combiné des méthodes quantitatives et qualitatives. Ce choix est déterminé par la nature des questions auxquelles il faut répondre et par conséquent des données à collecter.

L'outil choisi pour la collecte des données quantitatives est le questionnaire. Une grille de collecte de données quantitatives secondaires a été élaborée sur la base de la grille documentaire. L'utilisation de guides d'entretiens (individuels ou de groupe) a été privilégiée, de même que la grille documentaire qualitative pour chercher des informations secondaires qualitatives.

Les guides d'entretiens suivants, ciblant des catégories spécifiques de répondants, ont été élaborés et utilisés:

- La carte des infrastructures d'information et de communication destinée aux représentants de la communauté.
- La carte sociale destinée à la même cible.
- Le guide d'entretien destiné aux groupes spécifiques des femmes et des jeunes.
- Le guide d'entretien destiné aux organisations de la communauté (GPF, ASC, corporations, etc.).
- Le guide d'entretien destiné aux techniciens, spécialistes et consultants.
- Un guide d'analyse documentaire faisant état de tous les documents pouvant intéresser l'équipe des chercheurs a été élaboré.

Les outils de collecte ainsi développés et traduits (en Anglais), sont envoyés aux collègues des bureaux régionaux du CRDI (Afrique du Sud et Kenya) impliqués dans cette étude. Étant donné que les contextes diffèrent, il appartenait à chaque bureau régional d'adapter les instruments au contexte local.

L'échantillonnage

L'unité d'analyse est constituée par les communautés bénéficiaires des pro-jets Acacia. Pour ce qui est des rapports utilisés dans cette étude, sachant que les projets constituent les portes d'entrée du programme dans ces com-munautés, l'échantillonnage a été fait sur la base de ces projets.

À l'atelier de Nairobi, un certain nombre de critères ont été fixés pour le choix des projets, et aussi des sites à inclure dans l'étude. La méthode d'échantillonnage utilisée est la stratification: tout d'abord il est procédé au choix des projets et puis, à l'intérieur des projets, aux choix des sites à étudier et dans chacun des sites, un échantillon de répondants a été pré-levé. Les critères suivants ont été retenus pour le choix des projets lors de l'atelier de Nairobi: maturité du projet: plus d'un an d'opération; et localisa-tion géographique: rural, périurbain, urbain.

L'application de ces critères a abouti à un échantillonnage stratifié: strate 1: choix des projets; strate 2: choix des sites; et strate 3: choix des répondants.

Cet échantillonnage a permis de retenir quatre projets au Sénégal, un projet au Kenya et deux projets en Ouganda. Notons qu'un projet développé et mis en œuvre en Afrique du Sud est également tenu en compte dans ce document dans la perspective d'obtenir une vision d'ensemble et égale-ment dans une perspective de comparaison sur certains aspects du pro-gramme.

Description du processus et des procédures de collecte et de traitement des données

La collecte des données est effectuée selon une approche participative. La collecte des données qualitatives a nécessité des interviews de groupes et/ou individuels selon la pertinence. Celle des données quantitatives est faite avec l'utilisation du questionnaire; sur ce plan, vus les objectifs de l'étude, nous avons opté pour un choix «raisonné»: les répondants ont été classés en deux catégories: les utilisateurs et les non-utilisateurs et à l'intérieur de chacun de ces sous-groupes, le choix a été fait d'une façon aléatoire. Il est également procédé à l'analyse des données secondaires obtenues des télécentres communautaires (statistiques portant sur les utilisateurs, les types de services demandés, la fréquence de l'utilisation des services, etc.)

Les données quantitatives ont été traitées par des logiciels statistiques (SPSS au Sénégal et au Kenya, EPI-INFO en Ouganda) et les données qualitatives ont été exploitées selon une analyse de contenus.

Limites méthodologiques

L'atelier méthodologique de Nairobi avait identifié et posé d'une façon quasi exhaustive des questions pertinentes permettant d'évaluer les processus et les effets de l'introduction des TIC dans les communautés.

L'une des difficultés majeures rencontrées dans cette étude est la différence de niveau de maturité des projets retenus. Initialement, il était convenu de mener cette étude dans les quatre pays de concentration du programme Acacia (Afrique du Sud, Mozambique, Sénégal, Ouganda) et au Kenya, avec une gamme assez variée de projets mais suffisamment «mûrs» pour apporter des réponses aux questions d'évaluation posées. Mais seuls les projets au Sénégal (4 au total) ont atteint le niveau de maturité de deux ans. Les projets de l'Ouganda et celui du Kenya n'ont qu'une durée d'exécution d'un an et les équipements (TIC) n'étaient pas encore introduits, encore moins utilisés (tout au moins au moment de la collecte des données). La conséquence immédiate est que toutes les questions de recherche n'ont pas eu de réponse et que celles qui ont obtenu des réponses, se situent à des degrés divers.

De plus, la recherche est une étude exploratoire et descriptive, et l'on n'a pas visé la représentativité statistique de l'échantillon choisi; par conséquent, la lecture des résultats devrait être faite avec beaucoup de circonspection.

Sommaire des projets étudiés

•   **Sénégal**

Projet n°98 8150/01 (065256): Expérimentation d'espaces cyber jeunes dans l'enseignement moyen et secondaire au Sénégal

Ce projet est mis en œuvre en collaboration avec le Groupe d'études et d'enseignement de la population (GEEP), qui cherche à sensibiliser les

8

autorités sénégalaises sur la nécessité d'inclure dans les programmes scolaires la dimension santé de la reproduction et une composante environnement. Le GEEP a mis en place dans certains établissements scolaires des clubs EVF (Éducation à la vie familiale) pour contribuer à combler cette lacune. Toutefois ces clubs sont dispersés et sont situés loin des centres d'information. Ce projet expérimente l'introduction des TIC dans le réseau des clubs EVF pour leur permettre d'une part de communiquer plus fréquemment, mais aussi d'exploiter le potentiel informatif offert par ces TIC. Plus spécifiquement, cette expérimentation vise l'amélioration du modèle d'apprentissage, d'animation et de sensibilisation mis en œuvre par les clubs EVF sur les questions de population, d'environnement et de développement durable par l'introduction des technologies de l'information et de la communication à travers l'installation d'espaces cyber-jeunes (points d'accès aux TIC) dans les établissements d'enseignement moyen et secondaire du Sénégal.

Projet n°065198: Utilisation et appropriation des nouvelles technologies de l'information et de la communication par les organisations populaires au Sénégal

Ce projet est exécuté dans les zones périurbaines et les quartiers marginalisés de Dakar, en collaboration avec l'ONG ENDA-Tiers Monde et des organisations populaires de ces quartiers. Avec ce projet, qui s'inscrit dans une optique de renforcement des dynamiques populaires, une méthodologie de recherche-action formatrice est mise en œuvre pour permettre aux organisations concernées d'utiliser les TIC et de favoriser le développement des capacités d'appropriation sociale durable de ces TIC par le biais d'un réseau de centres de ressources communautaires qu'elles gèrent elles-mêmes.

Projet n°065226: Introduction des TIC dans la gestion et la réhabilitation des terroirs villageois

Ce projet est mis en œuvre en collaboration avec la FRAO (Fondation rurale pour l'Afrique de l'Ouest) dans 3 communautés rurales situées dans la région de Tambacounda au Sénégal. Il part du constat que les leaders communautaires, éloignés de la capitale, sont appelés à prendre des décisions importantes (préparation des plans locaux de développement, négociation avec des partenaires stratégiques, etc.) notamment dans le contexte de décentralisation et de transferts des compétences aux collectivités locales, alors que la plupart des informations sont disparates si toutefois elles sont disponibles.

Le but de ce projet est de mener des actions visant l'utilisation des TIC par les différents acteurs et d'en apprécier les impacts sur l'État et les modes de gestion des ressources des terroirs, sur les activités économiques et socio-éducatives des populations, tout en validant des paramètres liés à l'acceptabilité des innovations et à leur appropriation.

Projet n° 065211: TIC et décentralisation du Trade Point/Sénégal

Ce projet est mis en œuvre au Sénégal dans six (6) collectivités locales en partenariat avec la Fondation Trade Point/Sénégal. Il cherche à montrer que grâce aux TIC, les opérateurs économiques peuvent accéder aux mêmes sources d'information leur permettant ainsi d'améliorer leur base de prise de décision dans leurs activités et entreprises. Il s'agit plus précisément d'expérimenter la décentralisation des services offerts par le Trade Point/ Sénégal aux acteurs économiques intervenant dans les localités situées hors de Dakar, la capitale, en utilisant les TIC par le truchement d'un réseau d'antennes communautaires implantées à différents niveaux des collectivités locales de deux régions du pays (Saint-Louis et Thiès).

* **Kenya**

Projet n° 055394: Promotion de la participation des femmes à la gouvernance grâce à un meilleur accès à l'information

Ce projet, mené en collaboration avec l'ONG Family Support Institute (FASI), a pour principal objectif de mettre en valeur l'infrastructure existante au niveau des centres de documentation communautaires, points d'accès aux ressources en TIC (Internet notamment) afin de promouvoir la participation des femmes des communautés rurales de Kakamega et Makueni à la gouvernance. Plus précisément, il cherche à montrer que grâce aux TIC, et à la combinaison des ces outils aux systèmes et réseaux d'information traditionnels, les femmes pourraient avoir la possibilité de bénéficier, de générer et d'utiliser des informations civiques en vue de développer des capacités de participation à des instances de prise de décisions politiques et, en particulier, à des décisions concernant leur promotion.

10

- *Ouganda*

Projet n° 055449: «Promotion économique des femmes entrepreneurs en Ouganda»

Ce projet est mis en œuvre par l'ONG CEEWA en Ouganda. Il cherche essentiellement à montrer comment les TIC peuvent permettre aux femmes opératrices économiques et aux organisations féminines intervenant dans la promotion de l'esprit d'entreprise à trouver les voies et moyens pour une meilleure implication dans la vie économique de leur communauté.

Projet n° 055297: «Programme écologique régional africain pour les hauts plateaux»

Le « Programme écologique régional africain pour les hauts plateaux » (AHI) est un programme de recherche collaborative axé sur la gestion des ressources naturelles dans les hauts plateaux d'Afrique de l'Est et d'Afrique centrale. Ce projet a pour ambition de promouvoir le développement communautaire et l'utilisation durable des ressources naturelles dans les zones de hauts plateaux de l'Afrique de l'Est, où l'on pratique l'agriculture intensive grâce aux applications et à la gestion des TIC et des moyens traditionnels de communication. Il s'agit d'aider les paysans à améliorer leurs connaissances et leur compréhension des choix technologiques qui se présentent à eux, pour une meilleure capacité de prise de décision; les aider à saisir les opportunités accrues de commercialisation de leur production et des opportunités de formation continue dans la gestion des ressources naturelles.

- *Afrique du Sud*

Projet n° 003981: Projet «Réseau communautaire de «Msunduzi»

Ce projet est né du constat grandissant que les initiatives en matière d'environnement et de développement dans la zone de Pietermaritzburg pourraient être renforcées de manière significative grâce à la mise en place de capacités en information et en communication des organisations communautaires locales, qui collaborent toutes avec la même ONG et qui visent toutes à améliorer l'environnement des abords du fleuve «Msunduzi».

L'objectif du projet est d'améliorer l'accès des organisations et communautés aux TIC en vue d'une meilleure prise de décision, grâce à la mise en place de points d'accès équipés d'un réseau sur les TIC et d'un modèle communautaire efficace d'information et de communication électronique.

11

Cadre conceptuel

Ce volume est articulé autour du concept de développement communautaire et les problématiques qui y sont abordées résultent d'abord d'un questionnement sur le concept de développement communautaire, sur la définition des TIC et sur la contribution des TIC au processus de développement.

Développement communautaire

Il est attendu de l'utilisation des TIC un changement de comportement au niveau des individus et des groupes constituant les communautés. Le développement communautaire peut se définir comme étant un processus global, dynamique, itératif et interactif de changements à partir duquel s'opèrent des améliorations significatives et mesurables dans divers domaines de la vie et donnant lieu à un certain niveau de satisfaction. Dans ce contexte spécifique, il s'agit de la satisfaction durable des besoins de base, par exemple dans les domaines de l'éducation, de la santé, de l'emploi et de l'entrepreneuriat, de la gestion des ressources naturelles et de la gouvernance grâce à l'utilisation des TIC.

Le développement communautaire concerne des individus et des organisations ou institutions et leurs interrelations et interactions. Il implique la participation de toutes les composantes de la communauté dans ce processus, mais également le renforcement des capacités pour favoriser la création des conditions d'accroissement des ressources nécessaires.

Communauté

Dans le contexte présent, le terme communauté désigne à la fois les individus et leurs organisations ou associations qui bénéficient de l'accès aux TIC ou qui en sont des utilisateurs potentiels, qu'il s'agisse de groupements féminins, d'associations de jeunes, d'organisations d'hommes d'affaires dans le secteur informel, de regroupement d'artisans ou d'agriculteurs, etc.

Participation

L'utilisation des TIC pour le développement communautaire implique la participation de l'ensemble des composantes d'une communauté donnée.

Plusieurs définitions sont appliquées à la participation, mais dans ce document cette notion fait référence à un effort organisé, accompli par les intéressés eux-mêmes, en vue d'atteindre les objectifs de développement qu'ils se sont fixés (Ziliotto 1989). Cette participation communautaire est vue dans ce contexte comme un processus qui crée les conditions d'une accélération des changements induits et attendus des TIC.

Technologies de l'information et de la communication (TIC)

Même si les TIC — essentiellement les nouvelles TIC — font penser à Internet, il importe de noter qu'elles se réfèrent aux possibilités offertes par la convergence des techniques de l'informatique, de l'audiovisuel et des télécommunications, convergence observée depuis quelques années. Elles n'excluent pas les services «classiques» telles que la radio et la télévision dont la diffusion peut être faite sur les mêmes supports numériques que les autres services.

Dans ce document, les TIC sont caractérisées selon deux catégories: les TIC «traditionnelles » qui sont entrées progressivement dans les habitudes et les modes de vie quotidiens des populations et communautés et qui regroupent essentiellement la radio, la télévision, le téléphone (fixe) et le fax . Les nouvelles TIC, quant à elles, comprennent l'ordinateur et les applications informatiques spécifiques, accessibles à travers cet ordinateur (courriel, Internet, traitements de textes et autres applications informatiques). Les téléphones cellulaires et d'une façon générale, les technologies sans fil pourraient être inclues dans cette catégorie. Dans ce document, il n'est pas fait référence à ce type de technologie.

Effets

Vu le caractère transformateur attribué aux TIC, il est attendu de leur utilisation des effets plus ou moins significatifs et le concept d'effets doit être entendu ici comme des changements de comportements, de relations, d'activités ou de stratégies d'interventions sur lesquels les projets d'introduction des TIC ont joué. Ces changements devraient contribuer à améliorer le mieux-être des personnes ou des communautés.

Accès

Ces changements attendus seraient subordonnés à l'accès aux TIC, et l'accès doit être compris dans cette étude comme l'opportunité de pouvoir utiliser les TIC (disponibilité de l'équipement, des capacités financières, des capacités techniques, etc.)

Structure du document

Cet ouvrage est organisé autour de quatre chapitres.

Le chapitre premier ou introduction est consacré à situer la problématique des TIC pour le développement en général en plus de décrire le contexte spécifique des TIC dans les pays concernés par cette étude. En outre, les problématiques de recherche et le cadre conceptuel y sont présentés.

Le chapitre deux présente un survol du contexte des TIC en Afrique du Sud, au Kenya, en Ouganda et au Sénégal. Il fait ressortir l'évolution du contexte institutionnel et réglementaire dans ces pays dans le but de promouvoir le développement des infrastructures de télécommunications. Il faut remarquer cependant qu'il n'existe pas de politique cohérente et systématique tendant à intégrer les TIC dans tous les domaines de la vie économique et sociale des communautés de ces pays. Il existe une certaine bipolarisation des infrastructures et des utilisations des TIC dans ces pays: la plupart des infrastructures et des utilisateurs sont concentrés dans les grands centres urbains au détriment des zones rurales.

Le chapitre trois présente, dans une approche comparative, les transformations attendues versus celles observées des TIC dans les communautés de l'Afrique sub-saharienne par les utilisateurs, changements en termes d'effets sur leurs activités individuelles et collectives, à travers quelques projets de recherche du programme Acacia.

Le chapitre quatre fait essentiellement état des défis posés pour l'appropriation des TIC pour le développement. Ces défis concernent aussi bien les décideurs, les chercheurs, les structures de développement que les communautés elles-mêmes. Des perspectives en matière de recherche y sont également dégagées.

Chapitre 2

Contexte des TIC en Afrique: cas de l'Afrique du Sud, du Kenya, de l'Ouganda et du Sénégal

Les nouvelles TIC sont de plus en plus intégrées dans l'agenda de développement des pays africains, des stratégies sont progressivement mises en œuvre pour les intégrer dans le processus de développement. Ainsi, beaucoup de pays ont initié des réformes significatives du secteur de télécommunications: privatisation des sociétés de télécommunications, libéralisation du secteur, démantèlement des monopoles nationaux de services de télécommunications, etc.

Il convient de noter que dans la plupart des pays, il ne semble pas y avoir une vision intégrée des politiques mises en œuvre dans ce domaine. Les réformes introduites sont encore sectorielles et le corollaire de cette vision est de ne pas adopter une approche transversale plus holistique pour ce qui est des politiques d'introduction et d'appropriation des TIC pour le développement.

Ce chapitre présente un aperçu du contexte institutionnel des TIC dans quatre pays: Afrique du Sud, Kenya, Ouganda et Sénégal. L'analyse du cadre institutionnel montre que, de plus en plus, ces États mettent en place des cadres réglementaires et des structures pour la promotion des nouvelles TIC dans ces pays. Cependant, les situations semblent varier d'un pays à autre en fonction de l'état des infrastructures, du niveau d'information des décideurs sur les TIC et de la capacité des pays à drainer l'investissement étranger.

Rappelons que la première phase du programme Acacia est menée principalement en Afrique du Sud, en Ouganda, au Sénégal et au

Mozambique qui sont les pays de concentration du programme. Quelques expériences sont également menées dans d'autres pays dont le Kenya.

Afrique du Sud

L'Afrique du Sud est présentée comme leader dans le domaine des télé-communications en Afrique avec près 40% de l'ensemble des lignes télé-phoniques du continent.

À l'instar de la plupart des pays africains, le secteur des télécommunications en Afrique du Sud est caractérisé par des changements significatifs de l'environnement institutionnel et une croissance très rapide des activités de ce secteur, depuis la mise en application de la «Communication Act» en 1996.

Le secteur des télécommunications reste encore dominé part l'État, et la société d'État, la Telkom, détient un monopole de fait sur les services de la téléphonie fixe. Ce monopole devrait expirer en mai 2002.

Cependant, l'insertion dans l'économie de l'information pose à ce pays plusieurs défis notamment à son opérateur de téléphonie fixe, la Telkom SA Ltd. Le secteur des télécommunications subit une pression croissante de la demande de plusieurs millions de Sud-africains qui n'ont pas encore accès au service de télécommunication de base.

Telkom était une société entièrement étatique. À partir de mars 1997, l'État a cédé 30% de ses parts à des partenaires stratégiques majoritairement étrangers, cession estimée à US $1,2 millards, constituant ainsi le plus important investissement direct étranger en Afrique du Sud dans le développement des infrastructures.

Le partenariat avec le privé a permis ainsi d'étendre le réseau téléphonique à des zones jusque-là non couvertes, de moderniser ce réseau et d'offrir ainsi aux consommateurs des services de pointe. Avec cette stratégie, Telkom avait pour ambition de se préparer à l'inévitable concurrence et de répondre aussi à la demande d'une clientèle de plus en plus exigeante.

Ainsi Telkom avait entrepris un vaste programme d'élargissement de son réseau avec près de 3 millions de lignes additionnelles créées (soit une hausse de 75%) entre 1997 et 1999. En 2001, le nombre de lignes fixes est estimé à 5 860 000.

---

[1] US Department of Commerce - National Trade Data Bank, September 3, 1999.

Tableau 1: Quelques indicateurs de télécommunications en Afrique du Sud

Année	2000	2001
Téléphonie fixe	5 492 838 lignes	5 860 000
Téléphonie mobile	6 millions de lignes	9 millions
Télédensité (%)	11,2	12,2
Nombre de téléphones publics	173 064	-
Nombre d'opérateurs sur le fixe	1	1
Nombre d'opérateurs sur le mobile	2	3
Nombre d'abonnés Internet	370 000	2 853 453

Source: *BMI-TechKnowledge, Handbook 2001.*

Au début de l'an 2000, l'Agence de régulation des télécommunications (SATRA) et l'Autorité autonome chargée de la radiodiffusion (IBA), ont été fusionnées dans une entité autonome (ICASA) chargée de réguler les communications (structures et technologies) à l'échelle nationale. Cette fusion vise ainsi à réduire les confusions dans le secteur des télécommunications du fait de la dispersion des centres de décision et par conséquent de l'imprécision sur les prérogatives de chacune des agences (SATRA et IBA). Ainsi, il est recherché une plus grande cohérence dans le secteur, cohérence exigée par l'évolution du secteur des télécommunications (convergence des technologies et multiplication des acteurs). Avec l'évolution continue observée dans le secteur des télécommunications, il est attendu la mise en place d'un second opérateur sur le fixe dès l'expiration du monopole de la Telkom en mai 2002.

L'industrie du téléphone mobile y a connu également une croissance sans précédent. Jusqu'en octobre 1997, on y dénombrait 1,4 millions d'abonnés à la téléphonie mobile. Une des conditions imposées aux détenteurs de licences sur le mobile de l'époque (Vodacom et MTN) était d'inclure dans leur plan d'investissement des projets communautaires dans le sens de promouvoir l'accès universel aux services de télécommunications à l'échelle nationale. À titre d'exemple, durant une période de 4 ans, Vodacom devait attribuer 22 000 lignes dans des zones défavorisées et MTN devrait installer 7500 points d'accès à travers le pays. De plus, une troisième licence d'opération sur le privé mobile a été octroyée à un consortium constitué de groupes d'entrepreneurs locaux pour la source de financement et d'un partenaire étranger pour la technologie. Le nombre d'abonnés à la téléphonie mobile est estimé à 9 millions en 2001 (voir tableau 1).

Tableau 2: Tarifs de services de télécommunications (en ZAR)

Opérateur	Services	Coûts des services (TTC)
	Appels locaux	2000 cents/1 mn
	0-50km	0,13
Telkom (fixe)	50-100km	0,50
	>100km	1,02
	Accès au réseau	95
Vodacom (Mobile)	D'un portable à un autre (dans le réseau Vodacom)	1,60 aux heures de pointe
		0,75 aux heures creuses
	Local et national	1,60 aux heures de pointe
		0,75 aux heures creuses
MTN (Mobile)	D'un portable à un autre (dans le réseau MTN)	1,66 aux heures de pointe
		0,75 aux heures creuses
	Portable (du réseau MTN à un autre)	1,87 aux heures de pointe
		0,75 aux heures creuses

Source: *BMI-TechKnowledge, Handbook 2001.*

18

L'économie des technologies de l'information a également connu une croissance significative. Entre 1997 et 1999, la part du marché des technologies de l'information a augmenté de près de 12,5% par an. Entre les secteurs à haute valeur ajoutée et à hauts rendements (tels que le développement des réseaux et les systèmes d'intégration de services et de données) et ceux à faibles rendements (tels que les fabricants d'ordinateurs et les distributeurs d'équipements), il y a de réelles opportunités dans le marché des technologies de l'information.

Ainsi les petites et moyennes entreprises sont entrain de devenir progressivement les leviers de cette économie de l'information; elles mettent en place des stratégies d'exploitation du potentiel existant dans le secteur des télécommunications grâce à la convergence des technologies qui favorise la création d'emplois directs et indirects.

Les principales tendances dans l'économie de l'information en Afrique du Sud sont les suivantes: l'émergence d'une économie de plus en plus basée sur l'Internet, le développement du commerce électronique, et la convergence des technologies.

Kenya

Le cadre institutionnel du secteur des télécommunications au Kenya est encore dominé par l'État. Toutefois, avec la promulgation de la loi de 1998 sur les télécommunications, la situation a considérablement changé. Cette loi, entrée en vigueur le 1er juillet 1999, vient se substituer à la loi relative à la Société des postes et télécommunications du Kenya (cap 411). Elle prévoit la mise en place d'un organisme indépendant, la Commission des télécommunications du Kenya (CCK), qui doit jouer le rôle d'un régulateur du secteur. Elle a pour mission, entre autres, de délivrer des licences, d'assurer la réglementation des prix, de fixer les normes des équipements, de gérer les fréquences radio et les interconnexions, et de veiller au respect des obligations générales de service.

Cette loi de 1998 prévoit aussi la mise en place d'un Secrétariat national des télécommunications (NCS), abrité par le ministère de l'Information et des télécommunications et dont le rôle est de conseiller l'État sur ses politiques dans le secteur de l'information et des télécommunications.

Telkom Kenya Limited (TKL), qui faisait partie de la Société des postes et télécommunications du Kenya (KPTC) est désormais une des nombreuses structures mises en place pour gérer les réseaux. Elle a été créée en 1999, à la suite de la séparation de la KPTC en trois entités juridiques distinctes: TKL, PCK (Société des postes du Kenya) et la CCK. TKL a hérité de toutes les activités concernant les télécommunications, alors que PCK détient les licences et exploite les services antérieurement assurés par la KPTC. Cependant, TKL commence à faire face à la concurrence de nouveaux venus dans les autres secteurs où elle ne bénéficie pas de monopole à la suite de la libéralisation du marché, même si elle semble bénéficier d'un certain avantage par rapport à ces derniers, du fait que c'est un opérateur des télécommunications publiques.

À la suite de la libéralisation en 1991 des sous-secteurs non stratégiques des télécommunications et de l'ouverture du marché des services à valeur ajoutée, le nombre de fournisseurs privés de services de télécommunications a considérablement augmenté. On dénombre plus de 350 entreprises spécialisées dans la vente, l'installation, la maintenance et le câblage d'équipements téléphoniques. Les derniers chiffres disponibles (juin 2001) montrent qu'il y a environ 60 fournisseurs d'accès à l'Internet et à d'autres services à valeur ajoutée dans le pays.

Le développement de l'infrastructure des réseaux de télécommunications au Kenya a été relativement rapide. Depuis 1981, la capacité du pays en matière de communications téléphoniques a augmenté en moyenne de 15% par an, passant de 112 861 lignes en 1981 à environ 400 000 en 2001.

Le taux de croissance annuel moyen des communications téléphoniques rurales est passé de 16,6% en 1981 à 24,3% en 1990, avant de tomber à 15% en 1997. Les services de téléphone public ont connu un développement spectaculaire durant cette période, le nombre de cabines publiques passant de 588 en 1981 à environ 7500 en 2001.

Le marché du téléphone cellulaire est actuellement réparti entre deux fournisseurs privés: Safaricom et Kencell Communications Limited (KCL). Ces deux opérateurs de téléphonie mobile ont un total d'environ 200 000 abonnés en 2001 (voir tableau 3).

La télédensité est d'environ 0,16 lignes fixes pour cent habitants en milieu rural, et de 4 lignes fixes pour cent habitants en milieu urbain. En termes de pénétration du marché, environ 4,2% des ménages du pays disposent d'une ligne téléphonique. Ce taux varie énormément: il est de 0,1% dans les zones reculées, contre 27,7% pour la ville de Nairobi. La plupart des téléphones disponibles dans les zones urbaines concernent des bureaux et non des ménages.

Tableau 3: Quelques indicateurs de télécommunications au Kenya

Année	2000	2001
Téléphonie fixe	310 000 lignes	400 000 lignes
Téléphonie mobile	60 000 lignes	200 000 llignes
Télédensité %	1	1,2
Nombre de téléphones publics	7 084	7 500
Nombre d'opérateurs sur le fixe	1	1
Nombre d'opérateurs sur le mobile	2	2
Nombre d'abonnés Internet	55 000	75 000

Source: *BMI-TechKnowledge, Handbook 2001.*

Tableau 4: Tarifs de services de télécommunications en 2000 au Kenya

Opérateur	Services	Coûts des services en $US
Telkom Kenya Ltd	Accès au réseau	39
(fixe)	Charge fixe mensuelle	3,28
	Appel local/3 mn	0,06
	Appels interurbains nationaux (150km)/ 1 mn	0,21
	Appels internationaux vers les États-Unis/1mn	2,2
	Liaison internationale à 64kps/mois	8 200
Safaricom Kenya Ltd	Accès au réseau	32
(cartes pré payées)	D'un portable à un autre (dans le réseau Safaricom) /mn	0,19
	Portable (du réseau Safaricom à un autre) /mn	0,31
	D'un Portable à un téléphone fixe/mn	0,31
Kencell	Accès au réseau	37
Communications Ltd **(cartes pré payées)**	D'un portable à un autre (dans le réseau Kencell) /mn	0,19
	Portable (du réseau Kencell à un autre) /mn	0,51
	D'un portable à un téléphone fixe/mn	0,32

Source : *BMI-TechKnowledge, Handbook 2001.*

Ouganda

En Ouganda, l'environnement technologique a aussi connu un développement considérable en raison des changements intervenus à l'échelle mondiale, aux progrès accomplis dans le domaine des technologies de l'information et de la communication et, de manière significative, grâce aux politiques de libéralisation du secteur de la communication, qui ont su drainer les investissements privés.

Depuis le milieu des années 90, on dénombre en Ouganda plus d'une vingtaine de stations privées de radios en modulation de fréquence. La plupart de ces radios peuvent être captées à Kampala, la capitale et aux alentours, ainsi que dans d'autres grands centres urbains comme Mbarara, Gulu, Kabale et Soroti.

Selon la Banque mondiale (1999/2000), on dénombrait en Ouganda 126 récepteurs radiophoniques pour 1000 habitants en 1996. Avec l'ouverture de nombreuses stations en modulation de fréquence, le nombre de récepteurs radiophoniques a considérablement augmenté. Toutefois, la zone de couverture de ces stations est souvent très limitée. La radio nationale (Radio Ouganda) bien que couvrant en principe la totalité du pays, offre une mauvaise qualité de réception. Selon Achia (2000), Radio Ouganda ne couvre actuellement que 50% du pays. D'autres moyens de communication tels que la télévision couvrent une zone encore plus réduite.

Avec Uganda Telecom Limited (UTL), la plupart des grands centres urbains du pays sont connectés aux réseaux téléphoniques. Selon Kibombo et Kayambwe (2000), l'Office des postes et télécommunications de l'Ouganda, qui était le seul opérateur de téléphone du pays jusqu'en 1997, ne comptait que 50 829 abonnés à la fin de cette année. Comme le note Achia (2000), le nombre d'abonnés a considérablement augmenté avec l'arrivée de trois opérateurs de téléphonie cellulaire sur le marché (Celtel, MTN Uganda et Mango, une filiale de UTL). En juillet 2000, on dénombrait plus de 60 000 lignes de téléphone fixes et 122 000 abonnés aux services de téléphonie cellulaire. Selon Achia (2000), la télédensité est environ de 0,95%, dénotant en gros une progression de 300% au cours des quatre dernières années.

Tableau 5: Quelques indicateurs de télécommunications en Ouganda

Année	2000	2001
Téléphonie fixe (^{3})	60 000 lignes	100 000
Téléphonie mobile	120 000 lignes	-
Télédensité %	0,85	1
Nombre de téléphones publics	3 600	5 000
Nombre d'opérateurs sur le fixe	1	1
Nombre d'opérateurs sur le mobile	3	3
Nombre d'abonnés Internet	15 000	25 000

Source: *BMI-TechKnowledge, Handbook 2001.*

Bien qu'il y ait une expansion de la zone couverte par le téléphone et un fort accroissement du nombre d'abonnés, l'utilisation des nouvelles TIC telles que l'Internet et le courrier électronique est encore très faible. Ainsi que le fait remarquer Achia (2000), l'Internet et le courrier électronique ont démarré tardivement en Ouganda, les premières connexions au réseau ayant été établies durant la crise des Grands Lacs. En 2001, on compte plus de 10 fournisseurs d'accès à l'Internet, pour un total de plus de 25 000 utilisateurs, essentiellement à partir de cybercafés à Kampala et dans certains centres urbains du pays.

Les quelques stations de télévision qui existent (environ 6) sont toutes basées à Kampala et ne fonctionnent pas toutes; celles qui fonctionnent ne couvrent que Kampala et ses alentours. Selon la Banque mondiale (1999/2000), on comptait 26 téléviseurs pour 1000 habitants en 1997.

Tableau 6: Tarifs de services de télécommunications en 2000 en Ouganda

Opérateur	Services	Coûts des services en $US
Uganda Telecom Ltd (fixe)	Accès au réseau	11,33
	Charge fixe mensuelle	0,66
	Appel local	0,50
	Appels interurbains nationaux	1,33
	Appels internationaux (vers les États-Unis)	1,53
MTN Uganda Ltd (cartes pré payées)	Accès au réseau	25,57
	Charge fixe mensuelle	19, 77
	Appel local /3 mn	0,12
	Appels interurbains nationaux /mn	0,14
	Appels internationaux vers les États-Unis/mn	0,85
Celtel (cartes pré payées)	Accès au réseau	28
	Charge fixe mensuelle	10
	D'un portable à un autre (dans le réseau Celtel) /mn	0,23
	Portable (du réseau Kencell à un autre) /mn	0,23
	D'un portable à un téléphone fixe/mn	0,32
	Appels internationaux (vers les États-Unis)	1,70

Source : *BMI-TechKnowledge, Handbook 2001.*

Sénégal

Au Sénégal, à l'instar de la plupart des pays africains, l'environnement des télécommunications a beaucoup évolué, et grâce à l'existence d'infrastructures relativement modernes couvrant une grande partie du territoire national, l'environnement technologique est favorable à l'introduction des TIC.

État des infrastructures et des services

Très tôt le Sénégal, par l'entremise de la Société nationale des télécommunications (SONATEL) a mis en œuvre une stratégie d'introduction des TIC dans le pays. Le réseau de transmission de données par paquets (Senpac) lancé en 1988 offre aux entreprises l'accès aux banques de données et l'interconnexion aux réseaux étrangers à des débits pouvant atteindre 19 200 bps. Cependant son débit est de 64 kbps sur les tronçons national et international depuis 1997 et ce réseau est entièrement numérique.

Les 30 départements du pays sont connectés au réseau général par une liaison de transmission numérique et tous les chefs-lieux de communauté rurale ont accès au téléphone et les 22 départements sur 30 sont reliés au réseau général par une liaison de transmission en fibre optique. La SONATEL dispose de 2000 km de fibres optiques qui ceinturent le pays. En outre 24 départements sur 30 ont accès au Réseau numérique à intégration de services (RNIS) et les liaisons spécialisées numériques internationales à 64 kbps par satellite sont possibles.

Le réseau cellulaire numérique, de norme GSM, mis en œuvre par la SONATEL (Alizé) et sa concurrente la SENTEL, couvre les principales villes et axes routiers du pays et est interconnecté avec des réseaux étrangers (Espagne, Grande Bretagne, Italie, etc.). On dénombre dans le pays 14 fournisseurs d'accès à Internet (ISP) dont 12 installés à Dakar, un à Saint-Louis et un à Ziguinchor. Une cinquantaine de structures est connectée à Internet via une liaison spécialisée sur le point de présence Internet de la SONATEL ; 400 noms de domaines ont été enregistrés par le National Internet Center (NIC) Sénégal.

Un réseau Internet Protocole (IP), Sentranet basé sur des liens à 155 mbps, 34 mbps et 2 mbps reliant toutes les villes secondaires du pays et permettant la mise en œuvre d'intranet et d'extranet est opérationnel depuis avril 1999. Une première licence de communication par satellite a été

26

accordée à Iridium qui a officiellement lancé ses activités au Sénégal en début octobre 1999.

Le parc téléphonique national est passé de 81 000 lignes en 1998 à 200 000 en décembre 2000, puis à 230 000 en mai 2001 (soit un accroissement annuel supérieur à 100%); ce qui correspond à une densité téléphonique urbaine de 2,54 % environ contre 0,05% en milieu rural. Le nombre de lignes fixes est passé à 280 000 en juillet 2002 (Osiris 2002).

Tableau 7: Quelques indicateurs de télécommunications au Sénégal

Téléphonie fixe	280 000 lignes (avril 2002)
Téléphonie mobile	550 000 lignes (juillet 2002)
Nombre d'opérateurs sur le fixe	1
Nombre d'opérateurs sur le mobile	2
Bande passante internationale	54 Mbps
Nombre d'ISP	14
Nombre d'abonnés Internet	environ 11.000 (février 2001)
Nombre de domaines «.sn» déclarés	672 (mai 2001)
Nombre de sites effectivement en ligne	160 (mai 2001)
Nombre de points d'accès Internet	> 150
Droits de douanes sur les ordinateurs	droit de douanes 0+ 5% de timbre douanier
TVA sur les ordinateurs	18 %
TVA sur les communications	18 %

Source: *OSIRIS, juillet 2002.*

Toutefois, il existe une inégalité quant à la répartition des lignes téléphoniques à travers le pays. La région de Dakar concentre près de 64% des lignes téléphoniques. La région de Thiès dispose de 14 043 lignes téléphoniques, soit 8% du réseau national. Le téléphone couvre entièrement la région de

27

Saint-Louis jusqu'aux arrondissements et quelques communautés rurales avec 14 539 lignes.

En novembre 2000, les chiffres fournis par la SONATEL indiquent que 12 492 télécentres sont en activité au Sénégal. Le recensement de 1999 dénombrait une vingtaine de cybercafés et près de 80 télécentres connectés sur Internet. Osiris (2002) note environ 11 000 abonnés en février 2001. En mai 2001, près de 48 points d'accès privés à Internet ont été dénombrés et les points d'accès publics à Internet sont de 104 environ sur l'ensemble du territoire, dont 56% à Dakar, la capitale. Avec le passage de la bande passante internationale à 54 mbps (mai 2002), on s'attend à une plus grande utilisation de l'Internet.

Droits et taxes sur les TIC

Suite à l'application de la loi n° 98-36 du 17 avril 1998, le matériel informatique et télématique est exonéré de droits de douanes. Cependant, les périphériques (imprimantes, scanners, lecteurs de Cd-Rom) et le matériel électrique sont taxés à hauteur de 55 %.

Par ailleurs, les biens d'équipement pour le matériel informatique et télématique fabriqués localement subissent des taxes de 25 %.

Le rôle des technologies de l'information dans l'économie

Le secteur a fait l'objet d'importants investissements à partir des années 80, avec un volume moyen annuel de plus de 18 milliards de FCFA. Le secteur a contribué directement en 1996 à l'augmentation du PIB à hauteur de 2,6% et en tant que support à la production, il a un fort effet d'entraînement sur les autres activités économiques nationales. Il contribue à la création d'emplois: 10 000 emplois entre 1992 et 1998, particulièrement avec les télécentres.

Coûts des télécommunications

Pour ce qui concerne l'Internet et les services connexes, la SONATEL offre à ses clients les tarifs toutes taxes comprises (TTC) suivants:

* la mise en service (accès au réseau) est fixée à 30 000 FCFA ,
* l'abonnement mensuel avec connexion Internet illimitée à 10 000 FCFA, et

* la connexion téléphonique (en tarif local) est ainsi fixée:
    - toutes les 2 minutes en heures pleines: 60 FCFA
    - toutes les 4 minutes en heures creuses: 60 FCFA.

La SONATEL développe de plus en plus des produits ciblant des utilisateurs spécifiques; c'est ainsi qu'en mai 2002, le service Forfait Internet est lancé et il permet au client de bénéficier de 10 heures de connexion par mois quelle que soit l'heure de connexion contre un abonnement mensuel de 10 000 F CFA TTC. L'heure de forfait revient à 1000 F CFA TTC. Avec ce service, la SONATEL compte attirer plus d'utilisateurs d'Internet tout en leur permettant de surfer plus longuement. Ce service cible les internautes qui surfent le jour, ceux des professions libérales souhaitant télécharger des documents volumineux, les étudiants et les élèves.

Ce niveau de coûts des télécommunications reste élevé et les services de télécommunications ne sont pas encore accessibles à tous du fait du faible niveau de développement des infrastructures dans les zones rurales et du faible pouvoir d'achat de certaines franges de la population. Notons cependant que dans la plupart des communautés villageoises, il y a un usage communautaire du téléphone, même privé: les liens de parenté et la vie communautaire font que celui qui n'a pas les moyens d'installer une ligne téléphonique chez lui peut recevoir ses appels téléphoniques chez un parent, un ami, etc.

Les fournisseurs de services de télécommunications

La SONATEL est le principal opérateur de ce secteur, suivie par SENTEL dans le réseau GSM. En dehors des deux principaux fournisseurs de services Internet (Internet Service Providers), en l'occurrence SONATEL (Télécomplus) et SENTEL, on peut signaler l'existence d'une douzaine de fournisseurs de services.

Notons que malgré certaines avancées en ce qui concerne les infrastructures et la tarification, il n'y a pas encore au niveau du Sénégal une politique systématique en matière de TIC: il n'ya que des actions discrètes de l'État, de la SONATEL, des ONG et de certains organismes de développement. L'État n'a pas encore mis en place un cadre cohérent de politique en ce qui concerne l'institutionnalisation des nouvelles TIC dans le cadre macroéconomique global.

Tableau 8: Fournisseurs d'accès Internet (ISP) au Sénégal

Privés	Publics
Métissacana	UCAD
AFRICANET	AUPELF-UREF
Enda	Primature
Arc Informatique	Université Gaston Berger
Cyber Business Center	Trade Point (TPS)
Point Net	
WAIT	
Zentel	
Sud Informatique	

Source: *Osiris, 2001.*

Conclusion

On remarque une évolution rapide des contextes et cadres institutionnels de ces pays qui illustre ainsi leur engagement dans la société de l'information. Plusieurs réformes sont introduites et des mesures sont prises par les décideurs politiques et les opérateurs de télécommunications dans un climat de libéralisation.

Malgré ces réformes, les coûts de communication sont encore relativement élevés sur le plan national alors que les communications extra nationales sont relativement moins chères. Ceci montre que la politique de télécommunications est très extravertie et favorise plus les flux de communications internationaux que nationaux.

De plus, si les bases d'une insertion dans la société de l'information sont jetées, celles d'une intégration dans l'économie de l'information doivent être prises en charge par les décideurs politiques et les différents acteurs du développement. En effet, dans ces pays il n'y a pas encore une politique systématique, cohérente et globale tendant à intégrer les TIC dans tous les domaines de la vie économique et sociale des communautés.

On observe plutôt le développement du secteur des télécommunications, qui est loin d'être intégré dans l'ensemble du cadre macroéconomique global. Le tissu économique des pays illustre l'approche sectorielle des politiques de télécommunications menées dans ces pays africains.

Chapitre 3

Technologies de l'Information et de la communication: attentes des communautés africaines

Un des grands défis du développement pour le continent africain est de développer des capacités, des stratégies et des mécanismes permettant de saisir les opportunités offertes par les TIC pour le développement.

Du fait du caractère structurant et transformant des TIC, plusieurs analystes du développement estiment que ces outils peuvent jouer un rôle important dans le processus de développement. En Afrique, les théoriciens du développement anticipent des effets structurants significatifs notamment au sein du tissu communautaire de ce continent. Ces attentes ne sont généralement basées que sur les changements observés dans les sociétés économiquement plus avancées (sociétés occidentales notamment) et ces observations ne sont pas, en général, étayées par des faits concrets.

Le but de ce chapitre est de montrer les attentes des populations africaines vis-à-vis des TIC par quelques exemples choisis d'introduction et d'utilisation des TIC dans des communautés africaines. Il présente ainsi les effets ou changements probables et attendus par les utilisateurs effectifs et les utilisateurs potentiels des TIC dans des domaines très variés, tels que ceux notés par les communautés elles-mêmes, sur la base de la représentation qu'elles se font des TIC et de leur utilité anticipée dans le processus d'amélioration de leurs conditions.

Les exemples choisis se réfèrent aux projets de recherche-action initiés par le Programme Acacia au Sénégal, au Kenya, en Afrique Sud et en

Ouganda[2] et ils ont en commun d'être moins centrés sur la connectivité que sur des utilisations et applications concrètes des TIC dans des problématiques de développement communautaire.

Attentes exprimées au niveau individuel

Les TIC semblent susciter beaucoup d'attentes de la part des communautés étudiées, attentes qui révèlent un début de prise de conscience du rôle que peuvent jouer ces outils dans le développement économique et social, à travers les acteurs du développement eux-mêmes.

Les effets ou changements attendus des TIC exprimés par les individus sont très divers (graphique 1) et ces individus anticipent de les appliquer dans leurs principaux domaines d'activités pour leur propre développement. D'une façon générale, les utilisateurs effectifs ou potentiels attendent de l'utilisation des TIC des effets transformatifs dans le cadre de leur travail, dans l'éducation, la santé, l'agriculture, l'environnement, etc.

D'une façon générale, dans les communautés concernées par les projets Acacia étudiés, les populations s'activent principalement autour de l'agriculture, du petit commerce, dans le secteur des services. Les effets anticipés des TIC exprimés par ces populations tournent essentiellement autour de ces activités.

Dans le cadre des activités productrices

Les TIC devraient faciliter le développement des affaires par l'accès à des informations sur les prix des produits (intrants et extrants), à des informations sur les marchés et sur des ressources diverses (sources et mécanismes de financement, services d'encadrement, etc.).

Ainsi dans le domaine agricole, les agriculteurs africains s'attendent à ce que les TIC facilitent l'accès à des variétés à hauts rendements, à des prix concurrentiels, à des fournisseurs d'intrants, à des organismes de crédit et à des informations sur comment améliorer leurs pratiques culturales, afin d'accroître leurs rendements. Les agriculteurs de la zone de Ross Béthio au Sénégal attendent des TIC, entre autres, l'accès à des connaissances

---

[2]   Cette partie est une synthèse des effets et changements attendus des TIC rapportés dans les études menées au Sénégal, en Afrique du Sud, au Kenya et en Ouganda.

34

nouvelles sur les techniques d'irrigation et sur des variétés de riz en culture irriguée, car ils voudraient se tourner vers des cultures de rentes qui sont plus rémunératrices.

En Ouganda, les populations de Rubaya et des hauts plateaux de l'Afrique de l'Est et du Centre, bien que n'utilisant pas encore les TIC nouvelles, s'attendent à accéder à des informations et à des connaissances leur permettant d'améliorer leurs techniques de production agricole en vue d'améliorer leur revenu, dans une stratégie de lutte contre la pauvreté.

Dans le domaine commercial

Les TIC peuvent faciliter la communication, rationaliser les transactions en permettant de gagner du temps par exemple. Cette dimension aussi est largement évoquée dans les zones rurales qui sont essentiellement des zones de production où les producteurs, faute d'informations sur les prix et sur les débouchés potentiels (marchés locaux, notamment), sont souvent à la merci d'intermédiaires qui ne créent généralement pas de valeur ajoutée significative dans les filières de production. Les opérateurs économiques utilisant les services des antennes TPS au Sénégal espèrent avoir des partenaires économiques dans le but d'entreprendre des exploitations d'envergure et d'acquérir de nouveaux marchés pour leur production et lever ainsi les contraintes liées à l'étroitesse du marché local de leur zone d'exploitation.

Les femmes entrepreneurs des régions de Buwama et de Kampala en Ouganda espèrent aussi recevoir, grâce aux TIC, des informations leur permettant d'améliorer la situation financière de leurs entreprises.

Tableau 9: Rôle potentiel des TIC selon des femmes entrepreneurs en Ouganda

Perception	Pourcentage
Gain de temps	15,9
Recherche de débouchés	14,5
Informations commerciales	14,5
Communication avec les fournisseurs et clients	40,6
Économie de coût	4,3
Sans réponse	10,1
Total	**100,0**

Source: «Consolidated Report on Monitoring Women Entrepreneurs in the CEEWA Project Sites (Nabweru, Buwama and Kampala)», mai 2001.

Dans le domaine de l'éducation et de la recherche

Dans le domaine scolaire, les élèves et enseignants attendent des TIC une amélioration sensible de leurs méthodes d'apprentissage et d'enseignement. Mais ils s'attendent aussi à accéder à des informations leur permettant d'améliorer leurs cours et de faciliter la préparation des examens scolaires.

Les TIC peuvent stimuler la recherche et permettre l'acquisition de nouvelles connaissances. Au Sénégal, cette dimension semble faire l'objet de beaucoup d'attentes de la part des membres de la communauté scolaire, mais aussi de la part des agents de vulgarisation et d'encadrement établis dans les zones rurales et travaillant dans des sociétés d'encadrement rurales telles que la SAED à Saint-Louis.

Il convient de noter que jusque-là les TIC sont faiblement utilisées comme source ou moyen d'acquisition de nouvelles connaissances. Le problème de contenus adéquats et de l'accès aux TIC se pose avec beaucoup d'acuité.

Dans le domaine de la santé

Les TIC devraient permettre d'accéder à des informations permettant d'améliorer la santé préventive et reproductive. Cette attente est exprimée par les responsables de services de santé notamment des zones de Tambacounda au Sénégal, qui sont enclavées et qui sont souvent confrontées à des épidémies récurrentes de grippe, de paludisme, de maladies diarrhéiques, etc. Grâce à un système d'alerte informatique alimentée par une collecte de données systématique, la mortalité maternelle et infantile pourrait être sensiblement réduite.

Dans le domaine de la communication sociale

Les TIC peuvent faciliter la communication. Elles devraient permettre de rapprocher les membres d'une même famille situés à des endroits différents (création et entretien d'une communauté virtuelle); ceci est un effet important attendu notamment en Ouganda (tableau 10).

Par ailleurs, dans les localités telles que Podor et Matam au Sénégal, zones essentiellement d'émigration mais aussi zones enclavées, les populations estiment que les TIC, notamment la messagerie électronique et le téléphone peuvent contribuer à minimiser les coûts de transport, faciliter la communication, améliorer la vie sociale. Ceci est important dans le cas spécifique des communautés pauvres qui ont des niveaux de revenus relativement bas et qui ont des besoins importants de communication.

Les femmes

Pour ce qui concerne les femmes, elles paraissent moins aptes à exprimer les effets attendus des TIC sachant que la plupart estiment que «ces outils ne sont faits pour elles». Cette situation est problématique notamment dans le cadre du programme Acacia où les femmes constituent l'une des principales cibles à côté des jeunes. Certaines femmes interrogées au Sénégal ont exprimé des besoins en information sur la santé, sur les mécanismes d'accès à la terre, sur les sources et mécanismes d'accès facile au crédit (voir tableau 12).

Les jeunes

Les jeunes sont très actifs dans les mouvements associatifs à caractère culturel et sportif et la plupart expriment le besoin d'accéder à des structures d'appui pour leur association, à des structures permettant de renforcer leurs capacités d'intervention, d'avoir des informations sur le potentiel de la coopération décentralisée, etc. Les jeunes qui vont encore à l'école ont besoin d'accéder à des ressources pédagogiques, à des informations sur les mécanismes d'octroi de bourses d'études, des informations sur les mécanismes de participation à des examens scolaires, aux concours et examens professionnels, etc.

Graphique 1: Domaines d'utilisation potentiels des TIC au niveau individuel en Ouganda

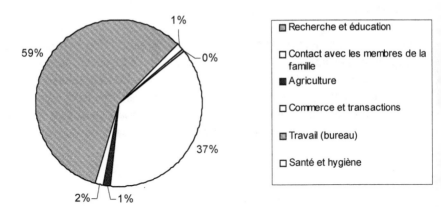

Source: *Enquêtes questionnaires/ICT CBD Sénégal, novembre 2000 (Thioune Ramata et Sène Khamathe 2001).*

Attentes des organisations communautaires

En plus des effets attendus par les populations au niveau individuel, des effets et changements attendus auprès d'organisations communautaires sont notés.

Facilitation de la communication

En Ouganda et au Kenya, les organisations communautaires attendent des TIC une facilitation des processus de communication et une mobilisation de leurs membres par la mise en place de systèmes de communication fiables et à temps réel, avec le courriel par exemple, qui peut être combiné aux systèmes traditionnels de relais communautaires de communication. Ces organisations attendent aussi de l'usage des TIC une amélioration de la gestion et une facilitation de la planification et de l'organisation de leurs activités.

Pour les organisations communautaires, l'accès à des informations utiles et pertinentes pour leurs membres (activités économiques, culturelles, sportives, etc.) constitue une préoccupation majeure; ces informations devant être des supports à la prise de décision stratégique et rapide dans leurs diverses activités.

D'une façon générale, les TIC peuvent améliorer la capacité d'expression et de communication des organisations de base, pour faire entendre leurs voix dans le rôle de relais qu'elles jouent pour leur communauté.

Création de réseaux d'échange et d'interaction

Les TIC peuvent servir de support à la création de réseaux d'échange et d'interaction entre les membres de leur communauté ou avec l'extérieur dans le sens d'améliorer le contexte institutionnel de ces communautés.

En Afrique du Sud, dans les communautés rurales riveraines du Fleuve «Msunduzi», il est attendu des TIC, plus précisément l'utilisation des technologies de l'Internet, l'accès à des outils «révolutionnaires» de communication et de support de discussion et d'échanges pour les différentes organisations communautaires dans le but de renforcer leurs connaissances en matière d'environnement, et de façon générale, en matière de développement. Par ailleurs, ces communautés attendent des TIC la création de nouvelles organisations et le développement d'un partenariat actif entre elles et avec d'autres institutions; ces communautés espèrent pouvoir influencer les politiques de développement et les changements nécessaires pour une bonne gouvernance, notamment dans le sens d'une meilleure gestion des ressources naturelles aux abords du Fleuve «Msunduzi» qui connaît de plus en plus des déséquilibres écologiques importants.

Au Sénégal, les TIC y sont considérées comme des outils de développement. Elles devraient permettre un meilleur accès à l'information et une disponibilité d'informations récentes pour une amélioration du niveau de connaissances des populations (tableau 11).

Mise en place de systèmes de communication modernes

Les organisations communautaires attendent des TIC la mise en place de systèmes de communication modernes, fiables et rapides, qui peuvent être combinés aux systèmes traditionnels de relais communautaires de communication (marchés hebdomadaires, système de tambours traditionnels, etc.).

Amélioration des conditions de travail

De manière récurrente, les populations considèrent que les TIC devraient permettre aussi l'amélioration des conditions de travail au sein des organisations communautaires particulièrement par une meilleure gestion du temps et des ressources, sachant que la plupart des acteurs communautaires s'investissent de manière bénévole.

Dans les zones reculées et enclavées (Podor, Tambacounda, etc.), il est attendu des TIC une réduction des distances (rapprochement et élimination des contraintes liées à la distance), pour une participation effective des acteurs dispersés, dans la communauté.

Multiplication des contacts avec l'extérieur et diversification des partenaires

Les opérateurs économiques attendent une multiplication des contacts avec l'extérieur, leur offrant ainsi des perspectives de diversification de leurs partenaires économiques; les TIC permettent aussi la création d'emplois avec l'apparition de nouveaux métiers.

Les propos du chef de projet «Introduction des TIC dans la gestion et la réhabilitation des terroirs villageois» semblent augurer d'un effet sur la gouvernance locale (encadré 1).

Encadré 1: Abdou Fall, chef de projet Acacia

«Les Centres d'information communautaire jouent un rôle important dans la gouvernance locale: la disponibilité des formulaires d'état civil à Maka Coulibantang fait épargner aux populations le coût de transport de l'ordre de 5000FCFA le coût du transport aller-retour Maka-Tambacounda-Maka. Cela est l'effet direct sur les individus. Et, à terme, on peut s'attendre à des effets positifs induits notamment sur le niveau de scolarisation précisément des filles: un père de famille moyenne à Maka peut difficilement mobiliser 5000F pour une pièce d'état civil alors qu'il fait face à des problèmes de survie; avec le CIC, il aura à payer au plus 200F seulement. En outre, un effet induit attendu est la disponibilité de statistiques fiables pour l'élaboration de plans locaux de développement, etc.».

Propos recueillis lors de l'atelier de restitution de l'Étude TIC et DEC/ Sénégal, juillet 2001.

Conclusion

D'une façon générale, on constate que les effets attendus par les communautés entrent en droite ligne avec les attentes théoriques, relatées dans la littérature sur les TIC. L'examen des tableaux 10 et 11 permet de remarquer que ces effets attendus sont souvent imprécis et généraux et attestent du niveau de compréhension de ces communautés de la relation entre les TIC et l'amélioration de leurs conditions de vie.

Remarquons aussi l'attitude positive des communautés par rapport aux TIC : peu de répondants font état de leur préoccupation par rapport aux effets négatifs ou pervers potentiels des TIC. Cette attitude est très importante et peut être interprétée comme une adoption *ex-ante* des TIC ou dans tous les cas un non-rejet de ces outils par les communautés. Cette attitude augure aussi d'une exploitation du potentiel transformateur des TIC par leur utilisation pour un meilleur développement.

Du point de vue de la programmation des projets de TIC et de l'introduction des TIC, les attentes exprimées par les populations montrent qu'il ne devrait pas y avoir une stratégie unitaire, mais que des études de base mettant en évidence les besoins et les attentes des populations dans leur diversité devront être systématiquement menées.

De plus, l'on peut noter aussi que les effets attendus exprimés par les populations peuvent servir de base de référence pour des investigations futures, notamment dans le sens de mesurer les dynamiques de changements, dans le temps, du fait de l'utilisation des TIC.

Tableau 10: Changements attendus des TIC selon le domaine d'utilsation prévu en Ouganda

Domaine d'utilisation des TIC	Changements	% des réponses
1. Travail	Facilité de communication	31.8
	Facilité dans les activités lucratives	13.6
	Facilité de préparer des épreuves d'examen	9.1
2. Contact avec les membres de la famille	Facilité de communication	14.3
	Régler les problèmes de famille	7.8
	Réduction des coûts de transport	7.8
	Amélioration et stimulation de la socialisation	5.3
3. Commerce et transactions	Facilité de communication	0.5
	Facilité dans les transactions	1.0
4. Recherche et éducation	Amélioration	0.2
	Acquisition de nouvelles connaissances	0.2
5. Santé et hygiène	Eviter les maladies	1.3
6. Agriculture	Informations sur les variétés à hauts rendements	1.3
7. Données manquantes		5.8
Total		**100**

Source: *Enquêtes/questionnaires, Etude TIC et DEC/Ouganda, novembre 2000.*

Tableau 11: Le rôle attendu des TIC au sein des communautés au Sénégal

Modalités*	Nombre de réponses	% des réponses
Outil de développement	144	28,6
Meilleur accès à l'information	53	10,5
Meilleures conditions de travail	49	9,7
Acquisition de meilleures connaissances	47	9,3
Rapprochement (élimine les contraintes liées à la distance)	33	6,6
Facilitateur	32	6,4
Gain de temps (rapidité dans les activités et dans les prises de décisions)	28	5,6
Augmentation des contacts avec l'extérieur	18	3,6
Facilite les changements dans la communauté	18	3,6
Favorise l'intégration	16	3,2
Disponibilités d'informations récentes	12	2,4
Création de nouveaux métiers	15	3,0
Lutte contre l'analphabétisme	9	1,8
Possibilité d'archiver	7	1,4
Gain d'argent (réduction des coûts de communication et de transport occasionnés par les réunions)	6	1,2
Possibilité d'utiliser les logiciels de pointe	6	1,2
Sous-utilisation	5	1,0
Expérience à encourager	4	8
Danger pour les cultures africaines	1	2
Total réponses	**503**	**100,0**

Source: *Enquêtes questionnaires Etude TIC et DEC/Sénégal, novembre 2000.*

*: réponses multiples.

Chapitre 4

Utilisation des TIC: effets sur les communautés africaines

Les nouvelles TIC sont créditées d'effets transformateurs et c'est ce qui sous-tend l'hypothèse centrale du programme Acacia. L'objet de cette partie est de faire ressortir les effets de l'utilisation des TIC par les communautés ciblées par les projets du programme Acacia.

Si à l'état actuel des expériences menées par le biais du programme Acacia il est prématuré d'affirmer que les TIC ont significativement contribué au processus de développement en Afrique, certains résultats obtenus montrent l'émergence de changements qui sont imputés aux TIC et à leur utilisation. Ces effets notés augurent du rôle significativement important que les TIC pourraient jouer pour le développement communautaire en Afrique si des contraintes importantes sont levées.

Ce chapitre présente les effets ou changements tels que vécus par les utilisateurs des TIC dans des communautés à partir des expériences menées au Kenya, au Sénégal et en Afrique du Sud plus précisément les communautés des abords du fleuve «Msunduzi».

Ces communautés sont à des niveaux différents d'utilisation et d'appropriation des TIC. En Ouganda et au Kenya, les communautés concernées ne sont pas généralement des utilisateurs de nouvelles TIC, contrairement au Sénégal où les communautés étudiées les utilisent et commencent à les appliquer dans leurs diverses activités, mais essentiellement à un niveau individuel. En Afrique du Sud, l'exemple choisi montre plutôt une utilisation communautaire des TIC dans la gestion des ressources naturelles.

Les projets qui ont été initiés dans la première phase du programme Acacia sont essentiellement des projets de démonstration et d'expérimentation dont la durée opérationnelle est de 2 ans en moyenne. Les enquêtes menées permettent de noter quelques effets des TIC sur les utilisateurs individuels et sur les organisations communautaires, des effets qui sont relevés par les utilisateurs eux-mêmes. Ce qui nous autorise à dire que les effets transformateurs des TIC peuvent être observés au tout début de leur utilisation.

Il est également important de noter que le développement est un processus dynamique et itératif inscrit dans la durée et dans lequel les processus sont très importants dans l'appréciation des changements observés. Cette partie aborde le processus d'introduction des TIC selon la problématique globale d'innovation technologique, par conséquent, il nous est paru important de faire ressortir l'évolution des perceptions et des comportements que les communautés ont adoptés dans le processus d'introduction et d'appropriation des TIC, en plus de montrer les changements ou effets réels de l'introduction et de l'utilisation des TIC dans les activités individuelles et communautaires.

Changements dans les perceptions et les comportements vis-à-vis des TIC

En Ouganda et au Kenya, où les nouvelles TIC n'avaient pas encore été introduites par les projets, les populations rurales dans leur grande majorité pensent que les ordinateurs ne leur sont pas destinés. Ce sont surtout les leaders communautaires et les chefs de projet qui ont eu à utiliser les TIC ou qui ont eu des échos sur les potentialités des TIC qui pensent que ce sont des outils qui peuvent être au service du développement.

Au Sénégal où les nouvelles TIC sont introduites dans les communautés étudiées (même dans des zones non électrifiées), l'un des effets notés est d'abord l'accès et le contact physique avec les nouveaux outils de l'information et de la communication. En fait, la plupart des répondants estiment que l'introduction des TIC dans leur communauté constitue un grand changement dans leur environnement et dans leur comportement: les utilisateurs qui ont été en contact avec les TIC se sentent valorisés, particulièrement ceux qui savent utiliser ces outils.

L'utilisation des TIC accroit la visibilité de leur localité, ce qui augure d'une création d'un potentiel économique important. Les leaders communautaires participent de plus en plus à des foras, séminaires, entre autres

46

et cela leur permet de nouer des contacts, d'apprendre des expériences des autres et donc d'accroître leur capital cognitif, qu'ils mettront au service de leurs mandants (participation à *Bamako 2000,* à «Africa Connects Conference: Education in the Internet Age», participation à des ateliers et séminaires méthodologiques organisés par Acacia/Elsa, etc.).

Les entretiens réalisés avec certains groupes dans les communautés permettent de montrer l'évolution des perceptions des populations vis-à-vis des TIC dans le temps et en fonction de leurs contacts avec ces outils.

* D'abord, les TIC sont un mythe pour ceux qui n'y sont pas formés et ceux qui n'ont pas été en contact avec elles, en particulier l'ordinateur et Internet qui sont considérés comme un luxe réservé aux «intellectuels».
* Ensuite, une fois en contact avec l'outil, c'est la curiosité et l'envie de découvrir qui est exprimée; la démythification est amorcée.
* Puis vient l'étape de l'intérêt, notamment pour les utilisateurs qui ont découvert le potentiel que ces outils peuvent offrir et qui ont développé de nouveaux besoins en rapport avec ces outils (besoin en formation, en équipement, en diverses informations disponibles, etc.).

Il est observé un comportement dynamique des communautés vis-à-vis des TIC: d'abord une curiosité, ensuite la découverte, puis c'est le processus d'adoption qui est enclenché augurant une appropriation sociale. Cette appropriation semble être accélérée par la formation à l'utilisation de ces outils.

D'un point de vue comportemental vis-à-vis des TIC, une fois formés, les utilisateurs ont pu développer des aptitudes techniques et organisationnelles qui leur servent dans leurs propres activités, mais aussi qu'ils mettent au service de leurs organisations ou institutions. Il est observé aussi une utilisation de plus en plus régulière des TIC par les utilisateurs qui ont bénéficié d'une formation.

Notons cependant que la grande majorité des populations, utilisateurs potentiels des TIC, ne voient pas encore le lien ou une relation même lointaine entre l'utilisation des TIC et l'amélioration de leurs conditions économiques et sociales. Cette question d'un leader communautaire à Maka Coulibantang au Sénégal est assez éloquente:

Nous voulons savoir comment l'ordinateur et l'Internet peuvent améliorer nos conditions; nous savons qu'avec un puits nous pouvons

47

avoir de l'eau pour faire du maraîchage et donc nous pourrons gagner plus d'argent pour acheter des vivres et aussi améliorer notre régime alimentaire; mais pour ce qui est des TIC, il faudrait nous montrer comment est-ce possible.

Cette même perception est notée en Ouganda où plusieurs utilisateurs potentiels ne perçoivent pas toujours l'utilité des TIC, tandis que d'autres pensent qu'ils ne sont pas encore prêts à les utiliser.

Encadré 2: Une femme en Ouganda
«Pour la petite affaire que je gère, les TIC ne veulent rien dire... Ces machines sophistiquées ne sont pas destinées à des personnes comme nous. En quoi ces machines peuvent-elles m'aider? Elles sont peut-être utiles pour les personnes instruites qui ont de grosses affaires à gérer». (novembre 2000).

Encadré 3: Leader communautaire du district de Kabale en Ouganda
«Les TIC demeurent un mystère pour la plupart des populations... Elles ne comprennent pas les choses comme l'ordinateur, l'Internet, le courrier électronique et d'autres moyens modernes d'information. Cela pourrait être dû au fait qu'elles n'en ont pas conscience, que ces technologies ne sont pas à leur portée, mais aussi au fait qu'elles n'attachent qu'une importance secondaire à l'information, par rapport à d'autres problèmes plus urgents tels que la pauvreté, les soins de santé, l'éducation des enfants, la commercialisation des produits agricoles, etc.» (novembre 2000).

Certains responsables qui sont sensibilisés sur le rôle potentiel des TIC pour le développement anticipent des effets transformateurs positifs de leur utilisation dans des domaines d'activités prioritaires.

Encadré 4: Le directeur de la production et de la commercialisation du Comité local V de Kabale en Ouganda
«Nos paysans connaissent de nombreux problèmes dans le domaine agricole. L'information est la clé d'une partie des problèmes et, par conséquent, la clé du développement. Un projet sur les TIC serait utile s'il répond aux attentes et aux besoins en information des paysans. L'information est une ressource essentielle pour la modernisation de l'agriculture».

Changements notés par les utilisateurs des TIC dans leurs activités individuelles

Les TIC sont des outils qui, mis à la disposition des communautés, devraient leur permettre de valoriser leurs activités tant communautaires, qu'individuelles.

Dans le cas spécifique des projets étudiés ici, du fait de nombreux facteurs, plusieurs enquêtés n'ont pas noté de changements majeurs du fait de l'utilisation des TIC. Cependant, certains d'entre eux ont tout de même noté des changements suite à l'introduction des TIC dans leurs environnements.

En Ouganda, dans les communautés étudiées où les nouvelles TIC n'ont pas encore été utilisées, seules 45 personnes sur 78 ont constaté des changements du fait de l'utilisation du téléphone essentiellement. Dans le cadre du projet CEEWA qui vise à renforcer les capacités des femmes entrepreneurs grâce aux TIC, grâce à la formation (en gestion essentiellement) dont les femmes à Buwama, Nabweru et Kampala ont bénéficié, certaines d'entre elles ont pu noter des changements dans leurs activités économiques (petit commerce, artisanat, poterie, couture, coiffure, etc.).

Au Sénégal, où les nouvelles TIC ont été effectivement introduites et utilisées dans les communautés étudiées, 153 personnes, soit environ 50% des utilisateurs enquêtés ont pu constater des changements du fait des TIC. Dans ce pays, où la gamme de projets est plus variée que dans les autres, seuls 11% des 312 utilisateurs ont noté des améliorations dans leurs activités commerciales, 3,5% dans les activités sanitaires et 6,7% dans les activités agricoles.

49

Les changements majeurs observés à travers les différentes études menées au Sénégal, en Ouganda, et en Afrique du Sud peuvent être résumés en ces domaines: renforcement des capacités, amélioration des conditions sanitaires, amélioration des conditions éducatives, amélioration des revenus, création d'emplois, amélioration de la production, une plus grande participation dans les affaires communautaires, une plus grande implication des femmes et des jeunes dans les activités productives, amélioration des contacts avec les membres de la famille, accès aux informations, et introduction de nouvelles valeurs, etc.

Renforcement des capacités individuelles

C'est l'effet le plus cité dans le cadre de cette étude du fait d'une part des programmes de formation aussi bien en informatique que dans d'autres domaines qui accompagnent les projets Acacia d'une façon générale, et d'autre part du fait de l'utilisation des TIC.

Le renforcement des capacités en Ouganda est essentiellement lié au programme de formation du projet avec CEEWA, dans le cadre duquel certaines femmes ont pu initier des activités économiques après avoir bénéficié d'une formation dans le cadre de ce projet. En effet, 69 femmes enquêtées sur 90 ont bénéficié d'une formation en gestion de petites et moyennes entreprises. Parmi ces enquêtées, 53,6% ont acquis des capacités à calculer les pertes et profits, 24,6% des capacités à contrôler leurs activités, 10,1% ont développé des capacités de services à la clientèle, 4,3% ont appris comment conserver des statistiques, 11,6% sont devenues plus sûres d'elles dans le cadre de leur travail.

Soixante dix-huit (78) pour cent des femmes ayant bénéficié d'une formation ont pu à leur tour former leurs enfants, leurs partenaires, voisins ou parents, et connaissances. Le renforcement de capacités en Ouganda sont moins du fait de l'utilisation des nouvelles TIC que de la formation en gestion d'une micro entreprise. Quoique ces changements notés ne semblent pas avoir de liens directs avec les TIC, il faut souligner que ce qui est important c'est moins les TIC c'est-à-dire les technologies elles-mêmes, mais plutôt les contenus qu'elles véhiculent. Les capacités développées par ces femmes pourraient servir de support à la création de contenus appropriés pour les TIC. Fortes de ces nouvelles compétences, les femmes entrepreneurs trouveront dans les TIC des outils pour améliorer leurs revenus et accroître leurs débouchés (tableau 13).

Au Sénégal, les statistiques obtenues de l'enquête quantitative (tableau 13) montrent que le renforcement des capacités individuelles est essentiellement lié à la capacité d'utilisation des ordinateurs et des applications de traitements de textes (60,2% des utilisateurs). Des capacités dans des domaines de pointe ont aussi été développées, même si cela est encore marginal (conception de sites web, programmation, maintenance informatique, traitement de l'information, etc.). Des capacités organisationnelles ont aussi été développées du fait de l'utilisation des TIC et des formations dispensées (formation en gestion, informatique, maintenance, etc.), ceci tant dans le cadre du travail, que dans les autres domaines.

Dans le domaine de l'éducation et des activités éducatives

En Ouganda, seuls 5,1% des répondants déclarent sentir un effet des TIC dans leurs activités éducatives. L'étude ne précise pas comment ces conditions se sont améliorées.

Au Sénégal, 27,8% des répondants estiment avoir amélioré leurs connaissances, tandis que 6,5% disent mieux comprendre les cours du fait de leur meilleure présentation et de l'amélioration de leurs contenus par les enseignants.

Les TIC ont permis d'améliorer et d'accroître les flux de communication entre élèves et enseignants et 13% des membres de la communauté scolaire estiment avoir plus facilement accès à la documentation et à des données actuelles (6,5%).

En plus des données quantitatives, des entretiens (individuels et de groupes) ont été effectués dans les espaces cyber jeunes au Sénégal. Les enseignants disent constater une amélioration des performances scolaires des élèves fréquentant les espaces cyber jeunes et une augmentation sensible de leurs capacités de participation dans l'animation des cours: les élèves qui ont accès aux informations autres que celles fournies par les professeurs participent de plus en plus aux cours et ont des notes de plus en plus élevées. Certains enseignants estiment que les élèves qui fréquentent les espaces cyber jeunes les obligent eux aussi à améliorer le contenu de leurs cours, pour éviter d'être dépassés par ces élèves (qui font des recherches afin d'anticiper sur les cours dispensés par les enseignants) mais aussi pour éviter d'être «ridiculisés».

Dans les rapports familiaux

Aussi bien en Ouganda qu'au Sénégal, le potentiel communicationnel des TIC semble être largement exploité (téléphone au Sénégal et en Ouganda, courriel essentiellement au Sénégal). Les utilisateurs se sentent désormais plus proches de leurs parents et amis installés un peu partout dans le monde (sur le territoire national ou à l'étranger) et font aussi des économies en évitant les déplacements.

Remarquons également que ce sont essentiellement les TIC traditionnelles telles que le téléphone qui sont statistiquement plus utilisées.

Dans les activités commerciales et dans le cadre du travail

Dans ces domaines, le gain de temps semble être le résultat le plus important et il est surtout mentionné par les opérateurs économiques qui entretiennent des relations d'affaires avec des partenaires en Afrique, mais surtout en dehors de l'Afrique. Avec le téléphone et le courriel, les opérateurs économiques disent se sentir plus proches de leurs partenaires et diversifient aussi leurs débouchés. On peut citer quelques cas pour illustrer ces affirmations (à partir d'entretiens avec les opérateurs économiques, les utilisateurs des TIC).

Dans les antennes TPS au Sénégal, les activités économiques de quelques opérateurs économiques, qui ont pu nouer un partenariat avec des opérateurs étrangers en naviguant sur Internet, se développent: c'est le cas d'un chef d'entreprise de Podor «GIE Sahel Agro-Entreprise» qui, avec un partenariat noué grâce à la navigation sur Internet, reçoit des échantillons de produits phytosanitaires et les propose aux agriculteurs qui les testent et passent des commandes régulières à des prix compétitifs. Il déclare que son activité est devenue florissante aujourd'hui.

Notons le cas individuel d'un boulanger qui partage le même immeuble que l'antenne TPS de Joal-Fadiouth et qui, à force de fréquenter le centre et de s'informer auprès des gestionnaires, est parvenu à acquérir un équipement informatique qui lui a permis d'informatiser parfaitement le système de gestion de son entreprise, alors que son niveau d'étude est à peine équivalent à celui d'un élève de CM^2 (6 ans d'étude dans le système scolaire sénégalais).

À travers le réseau national des antennes TPS, une organisation du marché des produits agricoles locaux entre les zones à surplus et celles à déficit est mise en œuvre. C'est ainsi que des producteurs d'oignons de Podor dans la région de Saint-Louis ont pu écouler leur surplus de production grâce à l'appui de l'antenne, en vendant à des commerçants établis dans la région de Thiès, qui ont exprimé leur besoin par le canal du site du TPS.

Certains utilisateurs qui sont de plus en plus impatients de voir les retombées de l'utilisation de l'Internet éprouvent une certaine amertune: le leader d'une organisation à Thiès (Sénégal) déclarait:

> *Je suis inscrit à l'antenne et je paie toujours de l'argent pour me connecter à Internet pour trouver des partenaires qui potentiellement pourront m'aider à breveter mes inventions, et ceci conformément à ce que l'on m'avait fait croire, c'est-à-dire que sur Internet, je peux facilement trouver des partenaires pour faire des affaires, etc. Cependant, je suis tenté de plus en plus de ne plus perdre mon argent en naviguant sachant que jusque-là je n'ai encore aucune retombée.*

Il se pose le problème crucial de la perception que les populations ou utilisateurs potentiels se font de l'Internet croyant que l'on peut résoudre tous les problèmes avec cet outil; mais se pose aussi le problème de l'adéquation du contenu en information par rapport aux besoins des utilisateurs.

Effets observés des TIC et des projets de TIC dans les communautés

Même si les changements les plus importants semblent concerner plus directement les individus, à l'échelle communautaire, les entretiens réalisés avec certains membres ou groupes des communautés font ressortir les effets importants.

Développement de capacités d'organisation et de concertation en milieu communautaire

Cette tendance est notée à travers les comités de gestion ou de pilotage institués avec l'implantation des télécentres communautaires. Toutefois, elle ne doit pas cacher le déficit organisationnel des acteurs pour faire face aux défis et exigences du marché mondial: rapport qualité-prix, production en quantité importante, organisation des filières pour créer des économies d'échelles et des effets de synergie, etc. (référence est ici faite aux limites notées par les opératrices de Joal, des agriculteurs de Gandiolé, du GIE «Thiané et frères» de Sinthiou Malem, etc.)

Création d'emplois directs

Un des principaux effets importants de l'introduction des TIC dans les zones pauvres ou marginalisées est la création d'emplois. Il est important aussi de noter que généralement ces emplois sont occupés par les membres des communautés d'accueil des projets.

À titre d'exemple, au Sénégal 16 gestionnaires de CRC dont 10 femmes, 12 gestionnaires d'antennes TPS, 4 gérants de CIC, sont recrutés dans les sites d'accueil des projets. Cela a permis d'accroître l'intérêt des populations vis-à-vis des nouvelles TIC, sachant qu'elles peuvent permettre la création d'emplois valorisant dans des communautés où le chômage est très important. En plus des emplois directs créés, des revenus sont distribués à d'autres groupes que sont par exemple les agents de maintenance, des structures de formation, la Sonatel, la Sénélec, etc.

Ajoutons que pour le cas du Sénégal, avec le nombre croissant d'individus ayant des compétences dans le domaine des TIC, cet effet de création d'emplois dans les zones rurales sera probablement renforcé.

Renforcement des capacités de gestion

Les capacités de gestion dans les activités communautaires se sont renforcées notamment en comptabilité générale, en programmation, en communication, en organisation d'activités. Un centre comme celui de Baraka au Sénégal est devenu, grâce aux conseils dispensés par les gestionnaires, le pôle de gestion des activités de la communauté. C'est le cas également à Joal, où la comptabilité communale est entièrement automatisée et l'effet direct noté par les conseillers municipaux est la transparence dans la gestion des affaires de la cité. Les gestionnaires, avec leur formation, se positionnent dans l'échiquier national de l'emploi, voire au niveau international (trois des gestionnaires de CRC d'Enda et deux anciens chefs d'antenne du TPS sont en Europe ou aux Etats-Unis d'Amérique, où ils gagneraient plus d'argent).

Cependant si d'un point de vue individuel ceci est une réussite, pour ce qui est de la communauté cette situation peut être déplorée car un des effets attendus des TIC et des projets de TIC est la stabilisation de la population rurale par la création d'emplois.

Effets structurants des TIC pour les organisations communautaires

Au Sénégal, les organisations communautaires concernées par les projets semblent être transformées avec l'utilisation des TIC, précisément dans leur fonctionnement: saisie des procès verbaux de réunions, meilleure organisation des documents, visibilité et considération accrue grâce à une meilleure présentation des documents, etc.

En Afrique du Sud, les organisations concernées par le projet «Msunduzi» sont reliées par un site web, qui est un support de communication; à travers ce site, les organisations bénéficient plus de visibilité et plus facilement d'appuis financiers et en formation de la part des partenaires. Dans ce cas précis, il n'a pas été spécifié les effets de ce site web comme outil de communication et de la formation en environnement sur les comportements des populations et sur leur environnement à travers, par exemple, un mécanisme de transfert de connaissances.

Processus de réhabilitation et d'inclusion sociale

Les enquêtés de certains quartiers défavorisés de Dakar (Sénégal) estiment être valorisés et remarquent une réhabilitation sociale de leurs quartiers et des groupes marginalisés (analphabètes, femmes, jeunes). Les habitants des quartiers bidonvilles comme Colobane, Gouye Mouride et Baraka à Dakar, même avec une majorité d'analphabètes, ont repris confiance. En outre, l'intérêt pour ces quartiers est grandissant auprès des quartiers limitrophes plus nantis; le quartier de Baraka, considéré naguère comme une gîte de marginaux, accueille aujourd'hui les habitants «aisés» des quartiers Liberté V et IV qui viennent naviguer sur Internet.

Les habitants desdits quartiers parlent maintenant d'eux et de leurs quartiers redevenus des lieux sûrs avec beaucoup de fierté. Cela constitue est un résultat important; même si la plupart des populations n'utilisent pas les services de TIC, le simple fait de l'existence de ces nouveaux outils les remet en confiance et leur permet d'envisager l'avenir avec plus d'espoir et peut conduire à libérer des énergies dans le sens d'une amélioration des conditions de vie.

Encadré 5: Témoignage d'un habitant de la cité du Rail à Dakar
«Le CRC nous a sauvés, nous sommes devenus des gens fréquentables, avant nous étions de véritables agresseurs».

Meilleure prise de conscience des fléaux de la société

Au Sénégal une meilleure prise de conscience de certains fléaux tels que le SIDA et les MST s'est opérée, surtout au niveau des jeunes et des femmes qui fréquentent les espaces cyberjeunes.

Notons que le GEEP organise chaque année un concours intitulé «Population et développement» et les participants à ce concours, pour leur préparation, font des recherches d'informations sur Internet et accroissent ainsi leurs connaissances dans ce domaine.

Cette prise de conscience constitue aussi un important résultat montrant le rôle que les nouvelles TIC peuvent jouer dans ce domaine très sensible: les jeunes peuvent s'informer sans intermédiaires et donc sentent moins les pesanteurs sociales et culturelles entourant toutes les questions liées au sexe et aux maladies sexuellement transmissibles dont le SIDA.

Un phénomène nouveau est observé entre les élèves et les enseignants dans les espaces cyber jeunes: certains élèves, du fait de leur implication dans les espaces initient des enseignants et des adultes à l'utilisation des TIC.

En Afrique du Sud, les organisations communautaires affichent une meilleure compréhension et une meilleure prise de conscience des problèmes environnementaux et de conservation des ressources naturelles notamment dans les environs du Fleuve «Msunduzi».

Intégration progressive des TIC dans le mode de vie des communautés

Il existe également un engouement autour des nouvelles TIC caractérisé par une demande de formation en informatique chez les jeunes en général. Les jeunes semblent être ceux qui adoptent en premier les nouvelles TIC.

La réponse à cette demande de formation et la disponibilité d'équipement de nouvelles TIC ont contribué au renforcement des capacités techniques et institutionnelles des communautés: formation en informatique, notamment des jeunes, disponibilité de services variés (téléphone,

56

bureautique, information) pour les entrepreneurs, les commerçants et les particuliers.

Contrairement en Afrique du Sud dans le cadre du projet «Msunduzi», où l'économie locale ne semble pas être affectée par le projet, on observe des effets d'entraînement des centres de ressources d'Enda au Sénégal sur les activités économiques locales. En effet, les centres sont structurants et attirent dans leurs environs restaurants, petits commerces, artisanat, etc. À l'intérieur des communautés d'accueil de ces centres, il y a de plus en plus le développement d'une plus grande capacité d'organisation et de renforcement de la solidarité intra communautaire.

Au Sénégal toujours, les effets induits sur le développement social et le partenariat sont également observés: par exemple le quartier Baraka reçoit plus d'aide des ONG et autres bailleurs et bénéficie de plus d'attention de la part des pouvoirs publics qui les assistent quelquefois. Certains établissements scolaires hébergeant des Clubs EVF ont été équipés en ordinateurs par le FNUAP, le Club 2/3 Canada et l'ONG américaine Schools Online dans le cadre de l'extension de l'expérience dans ce domaine.

Les ressources humaines de ces quartiers sont de plus en plus valorisées: la participation à la réalisation des activités communautaires (information et sensibilisation sur les TIC, participation financière et matérielle, gestion et entretien de l'équipement, etc.) sont corrélées aux activités des projets en général (Ouganda, Sénégal et Afrique du Sud).

Émergence d'une communauté virtuelle

L'étude fait ressortir que l'un des motifs d'utilisation des nouvelles TIC est l'échange de correspondances entre membres d'une même famille et entre amis et le principal effet cité par les répondants à ce niveau est le «rapprochement entre les membres de la famille et les amis», en facilitant l'interaction directe et quasi instantanée entre les proches très distants. Ces contacts à distance avec les membres de la famille qui consistent à des messages et à des transmissions de nouvelles, contribuent ainsi à maintenir les liens familiaux, malgré la distance.

Notons que l'émigration est un phénomène très important en Afrique, où la population active, touchée par un chômage structurel important, est de plus en plus tentée d'émigrer vers l'Europe et l'Amérique du Nord.

Encadré 6: Mamadou Sarr, responsable municipal, membre du comité de gestion de TPS Joal (Sénégal)

«Un effet tangible et palpable est la réaction de la diaspora de Joal surtout cette année, quand un jeune de la commune établi en Europe, qui s'informait sur le Net est tombé sur une expression de besoins des populations et sur une description des activités de sa commune; ainsi a-t-il réagi en envoyant du matériel informatique et des médicaments». «Par ailleurs, je vous informe aussi que Joal est connectée à Internet avant une de ses «jumelles» européennes (dans le cadre de la coopération décentralisée) et cela a poussé cette ville du Nord à créer son propre site, et actuellement cette ville nous dépasse de loin; parce que tout simplement elle a plus de moyens, mais aussi ses responsables ont saisi les enjeux de la nouvelle économie».

Propos recueillis lors de l'atelier de restitution de l'étude TIC et DEC/ Sénégal, juillet 2001.

Ces témoignages soulignent que les nouvelles TIC peuvent bien jouer un rôle et ont eu à jouer un rôle essentiellement qualitatif dans le développement économique et social des pays africains.

Cependant, sans régulation, l'introduction des TIC peut aggraver les situations de déséquilibre ou d'inégalité, notamment en ce qui concerne l'accès des individus ou de groupes d'individus à des ressources, surtout dans un contexte de rareté des ressources et particulièrement pour ces nouveaux outils qui sont considérés par certains comme «valorisant».

Développement des stratégies de contrôle des ressources: création de nouveaux centres d'intérêt

Dans les communautés d'accueil des projets, des stratégies de contrôle des ressources par certains groupes (comité de gestion, personnel de projets etc.) se développement, ce qui aurait comme conséquence l'exclusion d'individus ou de groupes d'individus. C'est ainsi qu'à Maka Coulibantang au Sénégal, l'installation du CIC n'a pas permis de réinstaurer le dialogue et l'entente entre les villages rivaux de Maka et de Coulibantang, qui pourtant d'un point de vue institutionnel et managérial ont en charge le projet. Cette situation conduit à la participation timide des habitants de Maka qui héberge le CIC et est aussi le chef lieu de la communauté rurale de Maka Coulibantang. Par ailleurs, cette tendance à contrôler les ressources est aussi ressortie dans la gestion de certains espaces cyber jeunes, où les enseignants auraient tendance à «accaparer» le matériel au détriment des élèves.

Accès inégal des femmes aux TIC

Les études montrent qu'il y a une différence significative entre les hommes et les femmes en ce qui concerne l'accès aux services et aux contenus des TIC au sein des communautés: les hommes utilisent plus les services de TIC que les femmes du fait de plusieurs facteurs (niveau d'éducation, de revenus, d'information, d'implication, besoins en information et en communication, etc.). Mais les femmes qui utilisent les TIC cherchent plus des informations que les hommes qui les utilisent essentiellement comme moyen de communication. Ceci est révélateur de la qualité ou du niveau d'instruction des femmes qui ont accès aux TIC. Au Sénégal, le niveau d'études moyen des femmes utilisatrices est le secondaire.

On peut cependant souligner que dans les espaces cyber jeunes au Sénégal, donc le milieu scolaire, la parité et l'équité du genre est respectée tant dans la composition des comités d'animation des espaces que dans l'accès aux services des espaces. En outre, il est noté une synergie entre les lycées d'accueil des espaces cyber jeunes et les autres institutions qui viennent demander des services de ces espaces; des opportunités de partenariat ont été explorées et parfois des relations d'affaires ont même été nouées.

Utilisations perverses des TIC

Avec la diversité et la multitude des sources et des types d'informations, il y a un risque de détournement à des utilisations perverses des TIC. En effet, certains répondants dans les espaces cyber jeunes déclarent visiter les sites pornographiques, au lieu et place des sites éducatifs; ce qui culturellement et d'un point de vue déontologique pose problème aux enseignants qui, rappelons-le, sont aussi doublés d'éducateurs.

59

Conclusion

Il est largement admis que l'utilisation des TIC peut permettre aux communautés pauvres de trouver des nouvelles voies pour accélérer le processus de développement. Ceci est basé sur une hypothèse implicite que le développement n'est pas un processus linéaire et unitaire. Par conséquent les TIC, par leur caractère transformateur, peuvent être des catalyseurs pour un développement économique et social rapide et durable notamment en Afrique sub-saharienne.

Ainsi, si les TIC ont permis aux pays développés de tirer le maximum des opportunités que ces outils peuvent offrir, les pays et les communautés pauvres devraient pouvoir profiter de ces outils pour améliorer leur capacité de création de richesses, gage d'un meilleur développement.

Les résultats de cette étude ont montré que les TIC répondent aux espoirs qui fondent leur utilisation. Elles sont utilisées aujourd'hui, dans une certaine mesure, dans les différents domaines de la vie économique et sociale. Elles permettent de renforcer la régularité de la communication et de l'échange d'informations entre les membres dispersés des familles, de confectionner des imprimés d'état civil, d'améliorer la production et la productivité agricoles, d'accéder aux marchés, d'améliorer les performances scolaires, de moderniser la gestion des entreprises du secteur informel et de lutter contre l'insécurité. Il réduit la mobilité des personnes et fait économiser du temps et de l'argent.

L'enjeu des TIC se réduit, dans une certaine mesure, à celui de disposer de contenus adaptés aux conditions des populations ciblées, mais aussi à l'accès de la grande masse, notamment des ruraux.

Par ailleurs, le moteur du développement économique ne peut être envisagé que dans les secteurs où il existe des avantages comparatifs et il semble que le monde rural (auquel appartient près de 70% de la population active) pourrait être un levier économique dans le contexte actuel de mondialisation où l'information est un facteur de production important et relativement à bas prix, si toutes les conditions d'accès sont réunies.

L'expérience menée dans le cadre de la GRTV au Sénégal montre que les TIC peuvent jouer, même dans un contexte de ruralité et de bas niveau d'instruction, un rôle dans la gouvernance locale, dans la gestion des ressources des terroirs en mettant à la disposition des leaders communautaires des outils et des mécanismes de prise de décision et de transparence dans la gestion de leurs cités, mais aussi en combinant des

60

technologies traditionnelles et les technologies nouvelles dans le sens de l'endogénéisation ou de l'appropriation des nouvelles TIC.

Il est difficile en l'état actuel de la connaissance et de l'expérience d'utilisation des TIC, notamment dans le cadre du programme Acacia, d'affirmer avec certitude que les TIC ont effectivement contribué au développement, au sens quantitatif, de mesure des impacts et de changements qualitatifs durables, irréversibles. Le développement étant un processus dynamique, l'analyse des résultats des différentes expériences menées avec le programme Acacia montre que le processus d'appropriation sociale des TIC est bien enclenché dans certaines communautés et que les TIC sont utilisées (certes dans une petite échelle encore) pour régler des problèmes de communication pour accéder à des informations pertinentes et pour mieux organiser les activités économiques et communautaires.

Observons tout de même que plusieurs contraintes entravent ce processus d'appropriation et d'utilisation à grande échelle des TIC dans les communautés pauvres (contraintes institutionnelle, technique, économique et financière, socioculturelle, etc.).

Tableau 12: Changements notés/observés dans les communautés du fait des TIC en Ouganda

Changements notés	Nature du changement	Nombre de ré-ponses	% des répon-ses
1. Renforcement des capacités	Utilisation de l'ordinateur	5	6.4
	Opportunité d'emplois	1	1.3
	Amélioration de la communication	2	2.6
	Modernisation	2	2.6
	Matérialisation des potentiels individuels	2	2.6
	Autres	2	2.6
2. Santé et hygiène	Disponibilité d'informations sur la santé	3	3.8
	Autres	2	2.6
3. Amélioration des conditions éducatives	Peu d'argent généré	1	1.3
	Capacités	4	5.1
4. Accroissement des revenus	Génération de revenus	2	3.6
5. Création d'emplois	Emploi	13	16.7
	Accroissement de revenus	1	1.3
	Autres	1	1.3
6. Amélioration dans la production agricole	Amélioration des méthodes techniques culturales	2	2.6

7. Participation accrue dans les affaires communautaires	Sécurité	1	1.3
8. Amélioration des conditions des femmes et des jeunes	Amélioration de leur statut	4	5.1
	Acquisition de nouvelles compétences pour les jeunes (envoi d'email, fax, etc.)	1	1.3
9. Meilleure utilisation des informations	Amélioration dans les communications	7	9.0
	Contact facile avec des hommes d'affaires	1	1.3
10. Amélioration des contacts et communication avec les parents et amis établis hors du village/ville	Accroissement des communications qui permettent de faire des économies sur les coûts	17	20.5
11. Pertes de valeurs traditionnelles		0	0.0
12. Introduction de nouvelles valeurs	Modernisation	2	2.6
	Services Internet	1	1.3
Total répondants		**77**	**100**

Source: *Enquêtes/questionnaires «Étude TIC et DEC/Ouganda», novembre 2000.*

Tableau 13: Changements observés par les utilisateurs individuels au Sénégal

Domaines de changements	Types de changements	Réponses	% des réponses
	traitement de texte	141	44,2
	naviguer sur Internet	65	20,4
	maîtrise de l'outil informatique	51	16
	meilleure qualité du travail	13	4,1
	contact facile avec l'extérieur	10	3,1
	écrire des programmes informatiques	9	2,8
Capacités acquises	aptitude à mieux traiter l'information	8	2,5
	rapidité dans le travail	7	2,2
	meilleure préparation des cours	4	1,3
	meilleure coordination du travail	3	0,9
	maîtrise des opportunités	3	0,9
	maintenance informatique	2	0,6
	faire des jeux	2	0,6
	conception de sites web	1	0,3
	Total réponses	**319**	**100**

	gain de temps	73	28,1
	meilleur rendement dans le travail	42	16,1
	meilleure organisation du travail	38	18,1
	meilleure qualité du travail	37	14,2
Travail	meilleur accès à l'information	27	10,4
	rapprochement avec les partenaires	21	8,1
	facilité de traitement des documents	9	3,5
	possibilité d'archiver	8	3,1
	gain d'argent	7	2,7
	Total réponses	**262**	**100**
	contact facile	55	26,3
	plus de constance dans les rapports	46	22
	amélioration des relations	27	12,9
	rapidité dans les contacts	22	10,5
Rapports familiaux	gain de temps	22	10,5
	rapprochement avec parents et amis	19	9,1
	économie réalisée	13	6,2
	sécurité dans l'envoi des messages	3	1,4
	plus d'affection	1	0,5
	Total réponses	**208**	**100**

(Suite page 66)

(Suite de la page 65)

	facilité de contact avec les partenaires	15	37,5
	rapidité dans l'exécution du travail	6	15
	contact direct	5	12,5
Activités commerciales	gain de temps	5	12,5
	meilleurs débouchés	4	10
	rentabilité	3	7,5
	accès à plus d'informations	2	5
	Total réponses	**40**	**100**
	augmentation des connaissances	30	27,8
	documentation facile	14	13
	plus de facilité dans la recherche	13	12
	plus d'échanges entre collègues/élèves	10	9,3
	accès plus facile à l'information	9	8,3
Activités éducatives	facilité dans le travail	9	8,3
	actualisation des données	7	6,5
	meilleure compréhension des cours	7	6,5
	gain de temps	3	2,8
	possibilité d'archiver	2	1,9
	amélioration des contenus des cours	2	1,9
	possibilité de consulter les journaux	1	0,9
	amélioration des notes des élèves	1	0,9
	Total réponses	**108**	**100**

Domaine sanitaire	meilleure sensibilisation	6	54,5
	meilleures connaissances	3	27,3
	meilleures conditions de travail	2	18,2
	Total réponses	**11**	**100**
Domaine agricole	meilleur rendement	10	33,3
	facilité de contact	6	20
	partenariat diversifié	4	13,3
	recherche de données	3	10
	meilleure connaissance dans ce domaine	3	10
	rapidité dans le travail	3	10
	acquisition de financement plus facile	1	3,3
	Total réponses	**30**	**100**

Source : *Enquêtes/questionnaires «Étude TIC et DEC/Sénégal»,*
novembre 2000.

Tableau 14: Changements notés dans les organisations au Sénégal

Changements	Effectifs	%
contact facile avec les partenaires	28	16,1
rapidité dans l'exécution du travail	21	12,1
meilleure organisation	20	11,5
capacité à manipuler l'ordinateur	16	9,2
meilleure performance	15	8,6
augmentation des adhésions	13	7,5
amélioration des documents	10	5,7
échange entre partenaires	10	5,7
meilleure connaissance	9	5,2
possibilité d'archiver les documents	7	4,0
gain d'argent	5	2,9
amélioration des activités	5	2,9
plus de motivation	5	2,9
renforcement des capacités	4	2,3
gestion plus fiable	3	1,7
plus de crédibilité de l'organisation	2	1,1
création d'emplois	1	0,6
Total	**174**	**100,0**

Source: *Enquêtes/questionnaires «Étude TIC et DEC/Sénégal», novembre 2000.*

Tableau 15: Opinion des répondants sur l'utilité des contenus des TIC utilisées en Ouganda

Utilité	Nombre de réponses	Fréquences relatives
Très utile	17	43.6
Moyennement utile	3	7.7
Pas utile	2	5.1
Pas sûr/ne sait pas	17	43.6
Total	**39**	**100.0**

Source: *Enquêtes questionnaires «Étude ICT CBD Ouganda», novembre 2000.*

Chapitre 5

Introduction et appropriation des TIC: défis et perspectives

Il est généralement admis que les nouvelles TIC peuvent offrir des opportunités réelles d'amélioration du niveau et de la qualité de vie au sein des communautés. Il est important aussi de pousser la réflexion sur les dynamiques communautaires empruntées et provoquées, sur les contraintes rencontrées dans le processus d'introduction et d'utilisation des TIC pour le développement.

L'objet de ce chapitre est d'identifier les principaux défis et les problématiques émergentes à partir des principaux résultats de la recherche menée avec le programme Acacia entre 1997 et 2000 dans ce processus d'utilisation des TIC pour le développement.

Certes les contextes géographique, socioculturel, économique, et politique des pays et des communautés rencontrées sont différents, et que le niveau de familiarité avec les TIC varie selon les communautés étudiées, mais un certain nombre de problématiques communes sont constatées à l'analyse des résultats de recherche obtenus.

Dans les expériences d'introduction de TIC étudiées, le point commun est que les TIC ne sont pas seulement abordées dans l'optique de la connectivité, mais aussi dans le sens de l'intégration de ces outils dans des problématiques de développement des communautés dans lesquelles ces outils servent de support aux activités communautaires.

Participation communautaire

Le développement communautaire est envisagé comme étant un processus participatif qui doit être approprié par toutes les composantes d'une communauté donnée. L'un des résultats notés à travers les projets de recherche exécutés dans le cadre du programme Acacia est l'importance de la participation des populations dans le processus d'introduction de produits innovants mais surtout transformateurs que sont les TIC. Du fait du caractère transformateur des TIC, et sachant que ces transformations doivent être insérées dans un cadre global d'apprentissage mais aussi d'appropriation, l'implication et la participation des communautés dans toutes les étapes du processus d'introduction des TIC est essentielle: l'appropriation étant un gage de pérennité dans toute action de développement et plus spécifiquement dans des actions novatrices.

Les résultats des études montrent que les personnes impliquées, les rôles et les responsabilités évoluent dans le temps, en fonction des étapes et des phases des projets.

Processus de participation

1) Dans la phase de démarrage des projets avec les communautés, vu le faible niveau de connaissance sur les TIC de la grande majorité de la population, la participation communautaire est souvent limitée à un petit nombre de leaders communautaires[3], dynamiques et avant-gardistes qui sont porteurs des projets. Ces leaders sont souvent parmi les groupes ou individus qui ont eu de près ou de loin des contacts avec les TIC ou tout simplement qui ont des attitudes innovantes, et qui par-dessus tout, sont des «preneurs de risque»; ces leaders ont eu à développer des stratégies de travail et d'interaction avec les différentes communautés, notamment rurales.

Ayant souvent connaissance des dynamiques populaires, et servant de point d'entrée dans les communautés, ces leaders permettent dans cette phase de démarrage de développer des stratégies d'identification et de

---

[3] Ici, le leader communautaire est soit un élu soit tout simplement un membre de la communauté qui a une certaine ouverture d'esprit et qui participe activement dans les activités communautaires.

participation de groupes dynamiques qui sont susceptibles d'utiliser les TIC pour les premières phases des projets.

Au Kenya, par exemple, dans le cadre du projet de gouvernance, la formation d'un groupe de femmes avant même le démarrage des activités du projet a permis à ces dernières d'avoir une base de compréhension des avantages potentiels du projet et de les partager avec les autres membres de la communauté. Elles ont aussi une base d'expression de leurs propres besoins en informations et en communication, ceci pour tirer un maximum bénéfices des TIC et pour préparer les conditions d'appropriation et de durabilité.

En Afrique du Sud, une approche similaire à celle utilisée au Kenya — c'est-à-dire la formation — a été utilisée avec le projet «Msunduzi» où plusieurs modules de formation ont été offerts aux représentants des organisations leur permettant ainsi d'avoir une base de participation dans la mise en œuvre du projet et de rendre effectif le réseau d'échange et d'information entre les différents points du projet.

Au Sénégal aussi l'approche participative a été utilisée dès le début des processus d'introduction des TIC. Tout d'abord, dans une démarche pro active, des institutions de recherche qui ont une certaine expérience de travail avec les communautés (FRAO, GEEP, ENDA, etc.) et qui avaient déjà initié des actions de développement avec les communautés de base ont été identifiées. Une première série de formation a été offerte (formation dans l'utilisation des équipements, dans des applications informatiques standard, à Internet et à la messagerie, formation en gestion financière, etc.).

Cette première vague de personnes formées et impliquées dans la gestion des projets devraient répercuter cette formation reçue auprès d'un groupe plus large et de façon continue. Cette répercussion de la formation n'a pas toujours été systématique du fait de plusieurs contraintes aussi bien dans les projets Acacia au Sénégal qu'avec le projet «Msunduzi» en Afrique du Sud (non-disponibilité de l'équipement, difficultés liées à la gestion propre du projet, faible niveau d'éducation des gestionnaires, etc.). Dans les communautés en Ouganda et au Kenya, cette démultiplication n'a pas été systématique parce que les équipements des projets n'ont pas été installés.

2) Dans une étape suivante, les communautés elles-mêmes développent des stratégies d'utilisation et d'appropriation des TIC, d'abord à l'échelle des projets, mais ensuite avec une ouverture vers la communauté.

Par exemple, le projet des espaces cyber jeunes avec le GEEP au Sénégal utilise les TIC pour améliorer la communication entre différents

73

clubs EVF, et les TIC accélèrent le processus d'échange d'informations entre ces clubs d'une part et entre les clubs et l'administration du projet de l'autre. Les antennes TPS utilisent aussi les TIC pour transmettre les données comptables et financières à leur maison-mère située à Dakar, données qui sont régulièrement analysées pour servir de tableau de bord pour la gestion des antennes et du projet.

Par des stratégies de sensibilisation et de formation, progressivement, les populations ont montré un intérêt croissant aux TIC au sein de leur communauté en participant activement dans ce processus soit en nature, soit financièrement et en utilisant les TIC.

Les TIC et les services de TIC sont utilisés aussi bien par les individus, que par les organisations publiques ou privées. Dans la plupart des cas, ces utilisateurs profitent d'équipements et de systèmes auxquels ils n'ont pas pour la plupart ni participé à leur acquisition, ni participé à leur fonctionnement.

En plus du processus participatif, on peut noter la mise en place de mécanismes et de structures de support à la participation. En effet, des cadres de concertation sont généralement mis en place sous l'impulsion des leaders communautaires qui portent les projets.

Cadre de concertation

Toujours dans une démarche participative, en plus de la participation matérielle et en nature des communautés (locaux fonctionnels: accès à une ligne téléphonique, à un serveur et à l'électricité, etc.) et des structures formelles de gestion des projets, des structures communautaires que constituent les comités de gestion qui représentent toute la communauté dans le projet sont mises en place. Les leaders communautaires et les membres des comités de gestion utilisent les canaux locaux de communications traditionnelles et les autorités locales (instances locales et traditionnelles, chefs traditionnels, représentants locaux de l'administration, etc.) pour atteindre la grande masse des populations, mais aussi pour insérer les projets dans le tissu social communautaire.

Au fur et à mesure de l'exécution du projet, certains comités de gestion connaissent un dysfonctionnement du fait de plusieurs facteurs (inamovibilité de leurs membres, leur âge avancé, disparité dans la composition selon le genre, moyens logistiques et financiers limités, besoins divergents, etc.) alors que les études montrent que les jeunes sont les principaux utilisateurs des TIC et que les femmes représentent une grande partie de la population active notamment dans les zones rurales. Il est donc important de refléter l'évolution du contexte local des TIC dans la composition des comités pour leur permettre de bien jouer leur rôle.

La participation est essentielle dans toute action qui peut avoir des effets sur les individus et sur leur communauté. Cette participation peut être mesurée entre autres par le niveau et l'intensité des réponses ou réactions des populations vis-à-vis d'une action donnée. Il est nécessaire de bien différencier le type et le mode de participation, de même que le participant selon les différentes étapes de projet.

Dans la phase de démarrage des projets, il est important de bien cibler les participants au risque de faire rejeter les projets par les communautés; il est aussi important d'identifier des personnes qui ont des attitudes innovantes qui servent de référence pour l'entrée dans la communauté.

L'expérience en Ouganda et au Sénégal montre qu'il est très utile de se servir des canaux locaux et traditionnels de communication pour inciter à une appropriation et à une intégration des TIC dans les communautés, ceci dans une grande échelle.

Réponse des communautés

Les expériences analysées montrent que la réponse des communautés vis-à-vis des TIC est très dynamique et par conséquent elle varie dans le temps en fonction du niveau d'information et de l'utilité anticipée que les communautés attendent des TIC.

Si la réponse peut être mesurée par le niveau d'utilisation, les expériences révèlent que plusieurs facteurs font que les populations ont une réponse assez passive aux TIC: niveau d'instruction, niveau d'information, niveau d'implication, la formation en TIC, etc. La formation semble être un élément important dans le processus d'appropriation des TIC. Par exemple, avec la formation reçue et une bonne campagne de sensibilisation, la plupart des bénéficiaires du projet CEEWA estiment avoir une meilleure compréhension des opportunités que peuvent offrir les TIC.

Au Sénégal, la recherche montre que les populations non instruites et non formées aux TIC ont des attitudes passives à l'égard de ces outils. Elles ont des perceptions basées sur les outils eux-mêmes et non sur les contenus qu'elles peuvent utiliser. En effet, la plupart des membres des communautés estiment que les TIC ne sont pas «faites pour eux car étant pauvres et non instruits». Cette perception peut être expliquée par le fait que le niveau d'information sur les TIC se limite aux équipements qui sont vus comme une fin en soi et non comme un outil, donc un catalyseur entre l'information et la connaissance.

Une proportion non négligeable d'utilisateurs potentiels continue à ne pas utiliser les TIC, même si souvent ces utilisateurs sont bien informés des avantages et opportunités que les TIC peuvent offrir. Par exemple l'étude de cas du Sénégal montre que la grande majorité des individus qui sont conscients de l'utilité des TIC ne les utilisent pas et ont des attitudes attentistes comme l'illustrent les résultats obtenus par Adam et Wood (1999) en Ethiopie où, utilisant une approche qualitative, ils ont trouvé que l'information sur les TIC n'est pas une condition suffisante pour leur adoption immédiate. Une longue période d'apprentissage et des investissements substantiels sont nécessaires, conditions qui ne sont pas toujours remplies. Ainsi, en plus de séances soutenues d'information et de sensibilisation, des séances de formation et de renforcement des capacités techniques sont nécessaires pour inciter les utilisateurs potentiels à l'usage des TIC.

Utilisation des TIC

L'accès à l'information est jugé crucial, notamment dans cette ère dite de l'économie de l'information. Les recherches montrent à priori que dans les communautés étudiées, toutes les catégories sociales, tous les groupes sociaux ou corporations ont accès libre aux services fournis dans le cadre des projets Acacia quand les équipements sont disponibles.

Cependant, vue la nouveauté de ces outils dans ces communautés et avec la conjonction de plusieurs facteurs, certains groupes ou individus n'ont pas totalement accès aux TIC et les facteurs tels que l'âge, le niveau d'instruction, le revenu, la localisation semblent être des facteurs limitant l'accès aux nouvelles TIC.

Les résultats de recherche semblent indiquer (tout au moins au niveau des points d'accès communautaires) que l'utilisation des TIC varie en fonction de l'âge et que les jeunes semblent être les utilisateurs les plus assidus des services des TIC. Les jeunes (de 18 à 35 ans) sont ceux qui sont les plus instruits dans les zones étudiées (zones essentiellement rurales ou péri-urbaines) et que la plupart mènent une activité économique lucrative (dans le secteur primaire ou informel principalement) et sont généralement actifs dans des associations et organisations communautaires.

Graphique 2: Utilisation selon l'âge

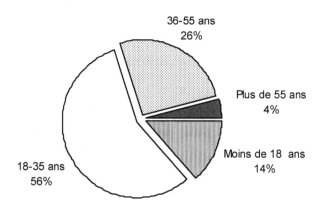

Source: *Enquêtes questionnaires/ICT CBD Sénégal, novembre 2000 (Thioune Ramata et Sène Khamathe 2001).*

La recherche montre également que ces jeunes utilisent essentiellement dans l'ordre d'importance le courriel, l'Internet et le traitement de textes pour la recherche de correspondants, de partenaires financiers, pour envoyer ou recevoir des messages ou du courrier, pour faire saisir et éditer des documents, pour se former en informatique.

Les adultes (de 36 à 55 ans en moyenne) utilisent dans l'ordre d'importance: les applications de bureautique, le téléphone, l'Internet et le courriel essentiellement pour faire saisir et éditer des documents, se former en informatique, chercher des débouchés commerciaux, des partenaires, rechercher des opportunités d'affaires et passer des annonces.

Même si le niveau d'utilisation des nouvelles TIC est très bas au Kenya et en Ouganda, il convient de noter que dans les régions où elles sont plus utilisées, les communautés commencent à les appliquer pour résoudre leurs propres problèmes (accès à des informations spécifiques, communication, confection de documents de travail, tenue de comptabilité par les organisations et les gérants des petites et moyennes entreprises y compris les entreprises artisanales, etc.). Citons l'exemple du site web mis en place dans le cadre du projet «Msunduzi» en Afrique du Sud qui permet, à travers des organisations communautaires mises en réseau, la collecte et la diffusion d'informations sur l'environnement dans le but de mieux gérer les ressources naturelles dans les communautés concernées par ce projet.

Au Sénégal, les organisations communautaires, les opérateurs économiques entre autres commencent à intégrer l'utilisation des nouvelles TIC et de leurs ressources dans leurs activités quotidiennes. On y observe aussi l'émergence d'une appropriation sociale des nouvelles TIC. En effet, dans certaines communautés comme Baraka, Rail à Dakar (Sénégal), les nouvelles TIC sont perçues comme un moyen de réhabilitation et d'inclusion sociale. En effet dans ces communautés, disposer par exemple d'une adresse électronique (courriel) ou établir des documents comptables (factures, reçus, budget, bilan, etc.) par l'ordinateur est considéré comme un signe de modernité par les artisans, tandis que disposer d'un numéro de téléphone valorise les domestiques ou employées de maison de ces endroits considérés jadis comme un lieu d'habitation de marginaux.

La majorité des personnes ou groupes qui fréquentent les points d'accès communautaires et qui demandent les services des TIC les utilisent plus ou moins régulièrement après leur premier contact avec ces outils; et ils sont généralement disposés à faire des déplacements (du village jusqu'en ville) pour utiliser ces services. Cette situation montre que les populations peuvent a priori ne pas être attirées par les TIC (comme par tout autre technologie) sans pour autant les trouver inutiles, mais c'est en les découvrant par la sensibilisation et par la pratique qu'elles seront amenées à inscrire leur utilisation dans leur quotidien.

Graphique 3: Fréquence d'utilisation des TIC

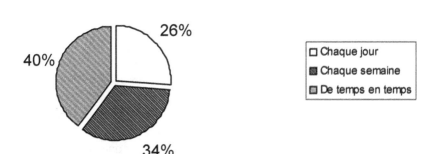

Source: *Enquêtes questionnaires/ ICT CBD Sénégal, novembre 2000 (Thioune Ramata et Sène Khamathe 2001).*

Si certaines personnes ou certaines communautés commencent à utiliser les nouvelles TIC, la grande majorité de la population de ces communautés ne les utilisent pas encore et même parmi les utilisateurs, certains commencent à remettre en cause leur pertinence, notamment pour ce qui concerne l'Internet.

À titre d'exemple, on peut citer le cas de certains opérateurs économiques de la région de Thiès au Sénégal, qui dès l'ouverture de l'antenne TPS ont adhéré au système d'inscription commerciale pour disposer des informations commerciales et pour pouvoir faire des insertions d'opportunité d'affaires, avec au début un engouement total et la plupart ont pu insérer des offres d'opportunités et certains ont cherché des opportunités d'affaires à travers le réseau du TPS. La plupart de ces premiers adhérents fréquentent maintenant de moins en moins les antennes, car l'offre correspond rarement à la demande d'informations commerciales et sachant que la recherche d'informations n'est pas gratuite, l'utilisation de ces services diminue au sein des antennes avec le temps.

De plus, la plupart des opérateurs économiques, utilisateurs potentiels de ce type de services, sont dans une attitude attentiste espérant voir des preuves concrètes à partir d'opérateurs économiques qui ont pu profiter des opportunités d'affaires grâce à Internet par exemple. Ceci met en évidence l'importance de la sensibilisation et de la démonstration des opportunités que peuvent offrir les TIC, mais aussi l'importance de mettre en réseau (échange) les différentes communautés pour des échanges d'expérience dans un souci d'apprentissage et de diffusion des différentes leçons tirées de la pratique communautaire des TIC.

Des efforts sont fournis notamment dans le cadre des projets Acacia au Sénégal (Enda, Cyber jeunes, etc.) mais les résultats semblent en dessous des attentes, ce qui pose la pertinence de la recherche de stratégies, de méthodes et de supports appropriés de sensibilisation et de démonstration à l'endroit de la grande masse des utilisateurs potentiels.

Par ailleurs, il est opportun d'apporter une nuance entre les utilisateurs directs des équipements et des applications standards et les utilisateurs des informations. En effet, les expériences montrent que ce sont essentiellement les équipements et les applications standards qui sont utilisés; les informations véhiculées à travers les différents supports existant ne sont pas encore systématiquement utilisées. C'est le cas par exemple du projet GRTV au Sénégal, qui en collaboration avec l'université Cheikh Anta Diop de Dakar et sur la base des besoins identifiés par les populations avait développé des applications de santé, de gestion de ressources naturelles (GRN), de gestion de projet de développement communautaire, entre autres. Mais ces applications bien que correspondant à des besoins communautaires exprimés lors de séances de diagnostic participatif, ne sont pas utilisées. Par contre les populations demandent des formulaires de documents d'état civil, des services de traitement de textes, etc., d'où la nécessité de hiérarchiser les priorités et les besoins en information qui, notons le, sont évolutifs.

La recherche montre également que les TIC sont utilisées assez régulièrement et essentiellement pour des raisons sociales et pour répondre surtout à des besoins communautaires. En effet, elles sont généralement utilisées pour entrer en contact avec les membres de famille établis un peu partant dans le monde (création d'une communauté virtuelle) et ne sont donc utilisées essentiellement que comme des outils de communication et leur potentiel informatif est peu exploité. Même s'il est rapporté quelques exemples d'utilisation des TIC pour la recherche d'informations qui devrait servir d'inputs ou de facteurs de production, le potentiel des TIC en tant qu'instrument d'aide à la prise de décision n'est pas encore systématiquement exploité. Or rappelons-le, les TIC et les informations qu'elles véhiculent ont un caractère transformateur et quand elles sont utilisées dans le sens des besoins des populations, elles peuvent permettre de transformer sensiblement les méthodes et processus de travail.

La situation dans les antennes TPS au Sénégal par exemple, montre que même si ces services existent, ils sont peu utilisés notamment par les opérateurs économiques. L'information commerciale disponible est généralement destinée à un marché structuré et bien organisé avec des infrastructures assez suffisantes; ce qui n'est pas le cas avec les économies rurales dans les communautés étudiées qui sont des économies plutôt informelles, dans des situations de «pré-marché» et qui doivent par conséquent trouver des moyens assez novateurs pour s'insérer rapidement dans ce marché plus formel et structuré. L'enjeu ici est de trouver des voies novatrices permettant cette intégration rapide au marché interne et externe dans ces pays.

L'utilisation des TIC est encore limitée à leur potentiel communicationnel, qui est certes important car correspondant à un besoin exprimé par les populations. Cependant, le potentiel informatif est peu utilisé et le défi est alors la recherche de stratégies, de méthodes et de supports appropriés de sensibilisation et de démonstration à l'endroit de la grande masse des utilisateurs potentiels des informations pertinentes existantes et véhiculées par les TIC.

Quelle place pour les femmes?

Il est largement reconnu que l'accès à l'information est connexe à l'accession au pouvoir, qu'il soit économique ou politique. L'équité et la justice sociale veulent que les femmes participent activement et tirent profit des avantages que peuvent offrir les TIC. Les changements technologiques peuvent être utilisés pour promouvoir l'amélioration de leurs conditions économique et sociale, sachant qu'elles représentent généralement plus de la moitié de la population. Ceci est d'autant plus important et urgent que les TIC sont censées jouer un rôle croissant dans le développement économique et social. Or les résultats de recherche montrent qu'il y a une grande disparité quant à l'accès aux TIC et à l'information des hommes et des femmes.

Même si les faits montrent que les femmes utilisent les services de TIC aussi bien en zone urbaine que péri-urbaine, dans les zones rurales, cette utilisation reste marginale par rapport aux hommes.

Graphique 4: Répartition des utilisateurs selon le sexe

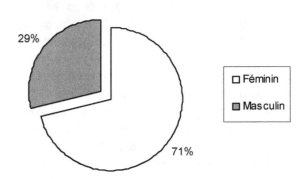

Source: *Enquêtes questionnaires/ICT CBD Sénégal, novembre 2000 (Thioune Ramata et Sène Khamathe 2001).*

Globalement, aussi bien au Kenya, en Ouganda qu'au Sénégal, les femmes semblent être marginalisées dans l'utilisation des TIC. Il semble y avoir une tendance à la reproduction des mécanismes d'accès et de contrôle des ressources avec l'avènement de ces outils. Les résultats obtenus en Ouganda et au Kenya, où ce sont essentiellement les technologies traditionnelles qui sont utilisées (le téléphone en l'occurrence), les femmes utilisent moins les TIC que les hommes; et l'étude sur le Sénégal, où les nouvelles TIC sont effectivement utilisées, montre les mêmes tendances à la marginalisation des femmes dans l'utilisation des TIC.

Selon Rathgeber (2000), «les philosophes féministes qui s'intéressent aux sciences ont fait remarquer que les structures cognitives des femmes différent de celles des hommes, ce qui influe sur l'attitude et l'approche féminines face à l'utilisation des TIC».

Cette différenciation a été mise en évidence en Malaisie, où une investigation visant à étudier le comportement des filles et des garçons dans les écoles montre qu'il y a une différence significative entre garçons et filles quant à l'utilisation des TIC et aux attitudes adoptées face aux TIC. Selon ces auteurs, les garçons étant plus formés et ayant plus régulièrement accès aux ordinateurs utilisent plus les TIC que les filles; et contrairement aux filles, les garçons déclarent avoir plus de capacités techniques (programmation et maintenance) (Nor Azan *et al.* 2000).

Une étude menée en Australie (Fluck 1995) montre que les filles utilisent relativement plus l'ordinateur que les garçons à l'école alors qu'à l'extérieur de l'école les garçons l'utilisent deux fois plus. Une autre étude menée en Grande Bretagne (Cole 1994) trouve aussi que mises dans les mêmes conditions d'accès que les garçons, les filles utilisent autant qu'eux les ordinateurs mais spécifiquement dans le cadre de leurs cours. Cette même tendance a été notée dans le cadre de l'étude Elsa/Acacia sur le réseau des écoles au Sénégal (Camara et Thioune 2001). Le cas de l'école semble être différent des expériences de types plus communautaires. En effet, dans les points d'accès communautaires aux TIC (télécentres par exemple) en plus des considérations liées à la nature cognitive des femmes, des facteurs exogènes tels que le revenu, les coûts d'accès aux services, le niveau d'instruction, le mode de gestion semblent être en leur défaveur.

Généralement, les TIC semblent plus profitables aux hommes à qui on associe souvent les technologies; les femmes exerçant souvent des professions «non techniques», et ont en général des barrières psychologiques vis-à-vis de ces outils. En effet, les affirmations des femmes dans les études de cas (Sénégal, Ouganda et Kenya) voulant que les TIC ne sont pas faites pour elles, tendent à confirmer leur attitude.

Byron et Gagliardi (1998) semblent confirmer l'assertion de Rathgeber (2000) basée sur la différence de la nature cognitive selon le genre. Ces auteurs estiment que «la différence en terme d'utilisation des TIC semble être liée d'une part aux attitudes et d'autre part à l'accès: les femmes/filles semblent être plus orientées vers les buts ou objectifs dans leur utilisation des ordinateurs tandis que les hommes/garçons semblent être plutôt orientés vers les processus».

Le défi qui se pose aux chercheurs est de trouver les meilleurs supports technologiques qui puissent être adaptés aux conditions des femmes. Mais d'autres facteurs semblent concourir à l'accès limité des femmes aux TIC. Le bas niveau de revenus et d'instruction des femmes et aussi leur non-implication dans les projets de TIC semblent être des facteurs limitant cet accès des femmes aux TIC.

En effet, les enquêtes effectuées dans les sites étudiés au Sénégal montrent que les femmes ne sont pas généralement consultées durant les phases préparatoires d'acquisition, d'installation et d'exploitation des TIC. Par conséquent, les systèmes existants ne sont généralement guère adaptés à leurs besoins. Or la participation des femmes dans cette ère numérique est jugée cruciale par tous les observateurs.

Il apparaît à travers les études de cas que les projets dans lesquels les femmes sont impliquées tout au long du processus enregistrent une participation active de ces dernières: par exemple dans le projet Enda, dont le chef de projet est une femme, la plupart des télécentres communautaires sont soit gérés par une femme soit ont une gestion mixte (femme et homme) et l'on observe que dans ces télécentres, les femmes utilisent les TIC dans les mêmes proportions et quelques fois même plus que les hommes, bien que l'égalité des sexes ne soit pas un objectif spécifique du projet. Par conséquent, en terme de programmation, il est important de penser à encourager le leadership féminin dans la mise en œuvre des projets si l'on veut réussir une bonne implication des femmes.

Évidemment, les projets ciblant spécifiquement les femmes enregistrent une grande participation de ces dernières (CEEWA par exemple en Ouganda, etc.) et les indicateurs disponibles laissent penser qu'elles pourront participer pleinement au développement de leur communauté par les opportunités qu'elles pourraient tirer des TIC. Le cas des femmes entrepreneurs de Serbatim à Dakar où à partir d'un seul ordinateur, elles ont pu développer leur parc informatique grâce à une recherche dynamique de partenaires et sont parvenues ainsi à placer leurs enfants dans les télécentres communautaires (création d'emplois). De plus, avec leur réseau de partenaires et l'utilisation de la messagerie électronique, ces femmes de Serbatim bénéficient de formations supplémentaires et participent à des expositions ventes Outre Atlantique. Elles augmentent ainsi la visibilité de leur communauté et profitent des opportunités d'affaires qui se présentent à elles.

Niveau d'instruction

Les résultats de recherche montrent que, quoique les projets Acacia soient pour la plupart installés en zone rurale ou péri-urbaine, les utilisateurs des TIC sont bien instruits (éducation formelle) et savent pour la plupart lire et écrire, aussi bien en Anglais (Afrique du Sud, Kenya, Ouganda), qu'en Français (Sénégal). Une grande partie sait lire et écrire dans au moins une de leurs langues locales. Cela voudrait-il dire que les non-instruits sont exclus de l'accès aux TIC? D'une façon récurrente, il revient dans la littérature que le faible niveau d'instruction est un des facteurs limitant l'accès aux TIC.

Même si la relation fonctionnelle entre utilisation des TIC et niveau d'instruction n'est pas étudiée ici, le résultat obtenu est éloquent et interpelle sur le risque qu'il y a d'exclure les non instruits qui sont plus nombreux dans les zones rurales, zones qui enregistrent généralement les taux d'alphabétisme les plus bas (en Français ou en Anglais), et qui concentrent aussi la majorité de la population active de ces pays. Au Sénégal par exemple, le secteur primaire (essentiellement rural) renferme près de 70% de la population active, et les mêmes proportions sont observées en Ouganda et au Kenya. Or cette population active devrait être un des moteurs de la croissance. Dans ce contexte, le défi est de trouver des solutions technologiques, utilisables directement ou indirectement par la population active pour lui permettre d'améliorer sa condition de vie, mais aussi pour qu'elle puisse participer pleinement au développement économique et social dans le contexte de l'économie de l'information.

Notons, par ailleurs, que même si les non-lettrés ne semblent pas être totalement exclus de l'utilisation des TIC, ils se font assister par les gestionnaires des télécentres communautaires ou points d'accès aux TIC pour certains équipements tels que le téléphone par lequel les messages à recevoir ou à faire passer se font oralement et en général par la langue locale de l'utilisateur. La situation semble différente lorsqu'il s'agit de l'ordinateur, d'Internet ou du courriel qui requièrent généralement une capacité à lire et à écrire.

Localisation

La localisation des projets de TIC semble être un facteur important dans l'accès universel à l'information. La recherche montre une certaine discrimination entre zone rurale et zone urbaine; en effet du fait de la qualité des infrastructures et de la proximité de marchés plus formels et plus structurés, les communautés urbaines semblent profiter plus des TIC que celles situées dans les zones rurales. On peut comparer d'une part les sites de Maka Coulibantang au Sénégal, zone enclavée et sans électricité, celui de Vulindlela en Afrique du Sud, ceux de Rubaya et Buwama en Ouganda où les lignes téléphoniques sont peu nombreuses du fait de la situation géographique (zone montagneuse et rocheuse), et d'autre part la communauté scolaire du lycée Blaise Diagne à Dakar, celle de Yeumbeul située dans la zone périurbaine de Dakar au Sénégal, où c'est moins l'inexistence de l'infrastructure que le coût jugé élevé des services qui empêche l'utilisation des TIC.

Les résultats de l'étude de cas au Sénégal semblent suggérer que le type d'applications ou de technologies utilisées, le profil des utilisateurs, le nombre d'utilisateurs varient en fonction de la localisation urbaine versus rurale. En effet, le tableau 17 montre qu'à Ross Béthio, zone essentiellement rurale, le téléphone est plus utilisé qu'à Joal qui est une commune. De plus, le niveau d'utilisation des nouvelles TIC (Internet, courriel, traitement de textes) est plus important à Joal qu'à Ross Béthio.

L'intensité de l'activité économique, donc la disponibilité des revenus semble être un facteur important de différenciation dans le niveau et la typologie d'utilisation des TIC. En effet, à Ross Béthio les communautés semblent plus utiliser les applications de bureautique et de recherche d'informations commerciales qu'à Podor où les populations semblent plus utiliser le courriel que les autres applications. Notons que Ross Béthio est une zone essentiellement agricole (pratique de l'agriculture irriguée grâce à la disponibilité de l'eau à longueur d'année) et une zone à faibles mouvements migratoires tandis que Podor est plus une ville rurale, administrative et scolaire, avec d'importants flux migratoires.

Soulignons tout de même que cette tendance dans l'utilisation des nouvelles TIC au Sénégal est la même que celle observée en Ouganda pour ce qui est de l'utilisation des TIC traditionnelles telles que le téléphone. En effet, dans les zones les plus proches des centres urbains, l'utilisation du téléphone est plus importante que dans les zones plus rurales (problèmes d'infrastructures et de disponibilité de l'équipement).

Formation et renforcement des capacités

Il est reconnu que le continent africain ne dispose pas de toutes les compétences techniques indispensables au développement efficace des TIC d'autant plus que ces techniques sont importées et en constante évolution (Lohento 2001), et que selon Davison *et al.* (2000), les TIC ont, dans une large mesure, été développées dans le contexte et pour les normes culturelles et sociales de quelques pays riches (Europe de l'Ouest, Amérique du Nord, Asie de l'Est et du Sud-Est, Australie). Dans ce contexte, l'appropriation des TIC pour le développement passe entre autres par le développement de ces compétences nécessaires pour réduire significativement les écarts dans ce domaine entre l'Afrique et les pays avancés. Les résultats des recherches montrent que la formation est une condition indispensable pour l'utilisation et l'appropriation des TIC.

Étant donné la nouveauté de la problématique des TIC dans le contexte des pays de concentration du programme Acacia, il apparaît que la formation et la sensibilisation ont été les premières activités des projets: formation dans l'utilisation des ordinateurs, du courriel dans certaines applications de bureautique, et à la navigation sur Internet. Cependant elle cible généralement les personnes impliquées directement dans la gestion des télécentres (gestionnaires et dans une moindre mesure les membres des comités de gestion dans les différents sites des projets), et une grande partie des membres des communautés ne semblent pas avoir bénéficié de formation adéquate leur permettant d'utiliser les TIC en fonction de leurs besoins.

Les capacités techniques des gestionnaires des points d'accès communautaires semblent être limitées à l'utilisation des applications standards. D'une façon générale, ces gestionnaires n'ont pas bénéficié de formation technique en maintenance des équipements informatiques. Ces gestionnaires qui jouent le rôle de médiateur entre la demande et l'offre d'informations ne semblent pas disposer de moyens techniques, ni de toutes les compétences requises pour chercher, traiter, stocker, transformer et diffuser les informations sur les supports, dans les différentes langues et à travers des canaux appropriés pour les utilisateurs finaux.

Par ailleurs, dans les communautés étudiées au Sénégal et en Afrique du Sud, des formations spécifiques ont été menées selon l'objectif et le domaine d'application des TIC (formation dans l'élaboration et la maintenance de pages web, formation en gestion des ressources naturelles et dans des techniques de gestion financière, etc.). Cependant la différence de niveau entre les gestionnaires des points d'accès communautaires rend difficile l'effectivité de l'utilisation des résultats de ces formations. Il y a des tentatives de traduction des modules de formation en langues locales (Zulu en Afrique du Sud par exemple), mais ce n'est pas systématique.

Notons également que dans les communautés scolaires étudiées au Sénégal, un phénomène nouveau est apparu dans l'environnement scolaire, c'est le rôle de formateur que les élèves jouent dans certains établissements; ces élèves ayant acquis des formations du fait de leur participation dans les comités de gestion dans les espaces cyber jeunes, forment à leur tour des enseignants qui jusque-là étaient des «analphabètes» dans le domaine des TIC. Ce résultat est très important dans le processus de formation et d'apprentissage en matière de TIC, si l'on sait que les jeunes qui représentent plus de la moitié de la population sénégalaise, semblent être plus attirés par les nouvelles TIC que les moins jeunes. Remarquons que l'attirance des jeunes vers les nouvelles TIC est un fait constant relevé aussi en Ouganda et au Kenya.

Une autre problématique est l'absence de politique en matière de nouvelles TIC dans des pays comme le Sénégal, le Kenya et l'Ouganda, et en particulier l'absence de politique de formation dans ce domaine, ce qui limite le processus d'apprentissage et donc freine le processus d'appropriation sociale de ces outils. En effet, l'étude Elsa/CRDI (Camara et Thioune 2001) portant sur l'expérience des TIC dans l'environnement scolaire sénégalais montre que l'école est un domaine assez conservateur et l'absence d'une politique intégrée des nouvelles TIC dans le programme scolaire y limite l'utilisation et particulièrement par les administratifs et les enseignants. Cette étude montre, malgré cette contrainte, la pertinence de l'approche du projet «espaces cyber jeunes» qui met l'accent sur la formation des enseignants et des administratifs (qui semblent être plus résistants aux innovations) pour les sensibiliser et leur montrer les opportunités qu'ils peuvent tirer de l'intégration des TIC dans les programmes scolaires.

Ainsi, l'analyse de niveau de formation et de renforcement des capacités met en évidence le problème important de disponibilité de supports à la formation, et l'enjeu est de trouver les formats et les contenus appropriés pour une formation adéquate en fonction des besoins multiples et variés des communautés ciblées. L'enjeu aussi est de savoir comment et quels sont les processus les plus adaptés à chacun des groupes communautaires (femmes, jeunes, opérateurs économiques, etc.).

Supports d'information

La recherche montre que les médias semblent avoir joué un rôle important dans l'information des populations rurales sur les TIC (TV, radio, journaux). Au Sénégal, la radio constitue la première source d'informations sur les nouvelles TIC (pour 72,3% de la population) puis la télévision (pour 71,6%), et enfin les journaux (pour 56,3% des communautés étudiées).

Ces médias semblent donc être des supports intéressants car appropriés et disponibles pour l'accès facile à l'information. De ce point de vue, dans un contexte caractérisé par une défaillance dans les infrastructures techniques, un taux élevé d'analphabétisme et un niveau de revenus relativement bas, ces médias peuvent être combinés aux TIC pour collecter, traiter et diffuser l'information au profit des communautés, particulièrement dans les langues locales.

Par ailleurs, dans le contexte actuel des pays africains où les points d'accès communautaires aux TIC ou télécentres semblent être une modalité appropriée pour la réalisation de l'accès universel aux TIC, les gestionnaires des télécentres peuvent être des relais importants dans la mise à disposition au profit d'utilisateurs potentiels par la recherche, le traitement et le stockage sur des supports appropriés d'informations utiles et utilisables par les populations dans leur stratégie de développement. Cependant, on constate souvent l'absence de ces supports appropriés.

Contenu

Plusieurs éléments sont déterminants dans la problématique de la production de contenus dans le domaine des TIC en Afrique : la plupart des contenus publiés notamment sur Internet est soit en Français et surtout en langue anglaise. Le taux d'analphabétisme est très élevé dans le continent (environ 70% de la population), tant dans les langues officielles (Français et Anglais principalement) que dans les langues locales.

Les économies sont encore dans une situation de «pré-marché» et la plupart des informations contenues sur Internet ne correspondent pas forcément aux besoins des communautés rurales de base ou tout simplement ces informations ne sont pas présentées sous une forme compréhensible et accessible à ces communautés.

Pour ce qui est de la communauté scolaire, il se pose aussi un problème d'adaptation et d'utilisation des contenus de l'Internet. Dans le cas où ces contenus sont adaptables, leur traduction dans des langues compréhensibles et leur transformation sur des supports appropriés et abordables demandent des compétences techniques, des moyens financiers et techniques qui ne sont pas toujours disponibles dans ces communautés.

Les résultats des études montrent que la production et le développement de contenus sont très limités. C'est le cas du projet «Msunduzi», qui avec la mise en place du site web a engagé un processus consultatif et participatif pour décider des informations à mettre dans le site web et le site contient des informations formatées sous forme de journal (sur un support papier pour atteindre le maximum de personnes, vues les contraintes d'accès), qui est distribué aux différentes communautés ciblées pour les informer sur les questions d'environnement et les mesures appropriées pour la restauration de l'environnement immédiat du fleuve «Msunduzi» qui connaît de sérieux problèmes écologiques et environnementaux. Au Sénégal, dans le projet «GRTV», des contenus spécifiques ont été créés et mis sous forme de CD-Rom avec des applications spécifiques, développées à partir du progiciel Access qui portent sur la gouvernance locale, la gestion des ressources et la santé préventive.

Ces exemples semblent isolés et plusieurs contraintes font que les contenus sont assez peu développés: contraintes techniques (parc informatique réduit, capacité limitée des ressources humaines), économiques (coûts des services informatiques, de l'adaptation des contenus existants, etc.), contraintes de connaissance (quels sont les besoins en information? Comment créer des contenus adaptés aux besoins? Sous quelle forme? etc.). Toutes ces questions demeurent encore nébuleuses au regard des informations disponibles et de l'état des connaissances sur la création de contenus.

Les nouvelles TIC sont encore un domaine relativement nouveau pour la plupart des pays étudiés notamment pour les populations rurales, dont le niveau de connaissances sur les TIC n'est pas très élevé. Il se pose alors le problème du choix des contenus et des applications pertinents aux besoins et situations des populations rurales en général.

Il a été rarement question d'identifier les besoins spécifiques des populations et ces besoins sont évolutifs dans le temps au fur et à mesure que les populations se familiarisent avec les TIC, d'où la nécessité de faire des mises à jour régulières des besoins en information et en communication. Si des organisations d'appui au développement devraient intervenir, cet aspect de contenus locaux pertinents et en phase avec les besoins des communautés devrait être la base de leurs interventions.

Technologies

Peu de pays ont la capacité d'innover de manière radicale puisque la recherche-développement est devenue plus coûteuse et complexe. Il existe pour ces pays-là un indicateur plus pertinent: leur capacité, en termes de savoir-faire et de richesses, d'opérer un choix judicieux entre les technologies concurrentes et de développer ou d'adapter eux-mêmes des technologies qui répondent à leurs besoins (Howkins et Valentin 1997).

L'Afrique du Sud, le Kenya, l'Ouganda et le Sénégal sont caractérisés généralement par l'existence d'un niveau minimal d'infrastructures de télécommunications (radio, fax, téléphone, Internet, etc.) et souvent les technologies les plus modernes y sont disponibles (fibres optiques, Internet, téléphonie mobile, satellites, disponibilité de réseaux à grande capacité de transfert de données, RNIS au Sénégal par exemple). Dans ces pays, il est noté également une évolution rapide dans les politiques en matière d'équipement (intensification et modernisation) et de réglementation du secteur des télécommunications. Et dans la plupart des pays, des politiques de libéralisation sont mises en œuvre: le secteur des télécommunications qui était généralement un monopole étatique a été libéralisé et la concurrence entre les opérateurs aidant, l'environnement technologique s'est sensiblement amélioré avec la disponibilité de plus en plus de services et l'introduction de technologies nouvelles. Avec le nouveau visage institutionnel marqué par l'entrée en jeu des opérateurs privés, le taux de pénétration du téléphone cellulaire est régulièrement en hausse, les radios privées de proximité se multiplient rapidement, l'Internet et la messagerie se développent aussi dans ces zones, notamment avec le développement des télécentres communautaires.

Cependant, il faut observer que la particularité du programme Acacia est d'avoir appuyé l'implantation de projets dans des zones marginalisées de ces pays, qui à l'instar de la plupart des villages et zones marginalisées d'Afrique, sont caractérisées par une défaillance dans le système de communication et d'accès aux TIC mais également par une défaillance des technologies et services les plus traditionnels: électricité, système de distribution d'eau courante, radiophonie, téléphonie, etc.

Au démarrage du projet GRTV au Sénégal, l'absence d'électricité dans les sites de Sinthiou Malem et de Maka Coulibantang au Sénégal a conduit à l'utilisation de groupes électrogènes pour fournir l'électricité. C'est aussi le cas au Kenya où faute d'électricité dans un village, le projet a été transféré dans un autre, frustrant ainsi les communautés initialement visées.

Dans la plupart des localités où les TIC sont introduites, les populations sont relativement familières avec les technologies de l'information soit pour les avoir vues, soit pour les avoir utilisées. Cependant, d'une façon générale, ce sont les technologies traditionnelles qui y existaient jusque-là et qui sont les plus courrantes: radio, téléphone, photocopieuse, etc.

La spécificité du programme Acacia est d'avoir appuyé l'introduction des technologies numériques, dont Internet notamment dans ces localités dites marginalisées (zones rurales et zones péri-urbaines). En tant que programme de recherche, l'enjeu était de tester l'adaptabilité de ces différentes technologies, pour permettre un choix diversifié aux pays africains.

91

C'est ainsi qu'à travers des projets pilotes, les communautés ont eu accès à des équipements différents, jusque-là inconnus de la plupart des populations ou à usage limité: l'ordinateur et ses périphériques ont été introduits de même que d'autres outils tels que Cd-Rom, scanners, etc.

Donc l'introduction de technologies et d'équipements nouveaux a été stimulée; au fur et mesure que les besoins des usagers se précisent et se sophistiquent, de nouveaux équipements sont requis et souvent introduits, ce qui se traduit en même temps par une diversification de l'infrastructure qui varie d'une zone à l'autre, d'un site à un autre.

Dans le cas des communautés étudiées au Kenya, en Ouganda et au Sénégal, les technologies les plus couramment utilisées sont par ordre d'importance décroissant: le téléphone, le traitement de textes, le fax, le courriel et l'Internet. Au Kenya par exemple, dans les localités de Makueni et de Kakamega, le téléphone semble être la technologie la plus utilisée. En effet, 73% des personnes déclarent l'utiliser contre 18% pour ce qui concerne l'ordinateur pour le traitement de textes, 18% utilisent le fax et 3% seulement le courriel. Personne n'a déclaré avoir déjà navigué sur Internet. En Ouganda aussi les nouvelles TIC sont faiblement utilisées et le téléphone est l'outil qui est majoritairement et le plus fréquemment utilisé (58,8% des personnes interrogées). Dans les communautés étudiées en Ouganda, seuls 6,4% et 9% des personnes interrogées déclarent avoir utilisé respectivement les services de courriel et de traitement de textes. Aucun répondant n'a déclaré avoir navigué une seule fois sur Internet. Il faut noter qu'en plus du téléphone, le fax est aussi utilisé mais essentiellement par des personnes menant des activités lucratives (5,1%).

On note par ailleurs que la généralisation de l'usage du téléphone a été renforcée par l'ouverture des télécentres communautaires dans le cadre du projet Acacia, notamment dans les sites Enda situés dans la banlieue dakaroise au Sénégal, et la liaison et l'accès au web et à l'Internet pour les communautés de Sobantu, Woodlands, Willowfontein, Georgetown et Vulindlela en Afrique du Sud, etc. On peut dire que les conditions techniques existent pour l'extension de l'utilisation des TIC dans les communautés. La demande croissante d'équipements nouveaux augure d'une capacité d'absorption d'une offre d'équipements, notamment électroniques.

Il est observé une acceptation relativement étendue du fax du fait de son accessibilité (facilité d'utilisation, coût, etc.). Cela suggère que si les nouvelles TIC sont largement répandues, disponibles ou à la limite accessibles et abordables, elles pourraient alors être utilisées largement. L'utilisation des nouvelles TIC est fortement corrélée à leur accessibilité: si pour le fax un opérateur peut servir d'intermédiaire, pour le courriel par exemple, son utilisation demande une certaine aptitude. Ce qui signifie que pour les nouvelles TIC, leur maîtrise semble être un pré-requis à leur utilisation élargie.

Jusqu'ici les technologies introduites reposent généralement sur des supports fixes, câblés. En même temps la question de l'adaptabilité de la technologie (infrastructures et équipements) est posée sachant que des problèmes d'accès à Internet sont très fréquents dans beaucoup de localités. Par exemple à Matam au Sénégal, les utilisateurs de l'espace cyber jeunes peuvent rester des semaines sans avoir accès au réseau (problème lié à l'étroitesse de la bande passante, entre autres). À Vulindlela en Afrique du Sud, la communauté a fréquemment des problèmes de connectivité empêchant d'avoir accès au site web du projet. Dans certaines régions montagneuses de l'Ouganda, du fait de la difficulté d'accès et du caractère rocailleux du sol, les lignes téléphoniques fixes ne sont pas très répandues, limitant leur l'accès pour ces communautés.

Étant données les contraintes liée à l'usage des technologies câblées, il est pertinent de chercher des technologies alternatives (sans fil, par exemple), permettant la promotion de l'accès universel aux nouvelles TIC notamment. Mais également il est important de chercher des mécanismes de combinaison de technologies nouvelles avec les technologies plus traditionnelles pour répondre aux besoins des populations au moindre coût.

Environnement et cadre institutionnel favorables aux TIC: des pré-requis nécessaires pour un profit maximum des TIC

Même si des progrès importants ont été notés dans le domaine des infrastructures de télécommunications, des contraintes majeures demeurent pour promouvoir l'accès universel aux TIC, mais aussi pour permettre aux différents acteurs économiques et aux communautés de tirer partie des bénéfices offerts par l'utilisation des TIC, notamment pour les régions éloignées des capitales qui concentrent l'essentiel des infrastructures.

Si d'une façon générale l'évolution de l'environnement technologique indique un potentiel important d'utilisation des TIC pour le développement, les zones rurales et péri-urbaines étudiées sont caractérisées par une pauvreté de leurs infrastructures de télécommunications et une pauvreté des infrastructures économiques.

Il y a certes des politiques sectorielles et des initiatives ciblant des domaines spécifiques d'application des TIC: dans tous ces pays (Afrique du Sud, Kenya, Ouganda, Sénégal), un organe de régulation est en place notamment dans un contexte de libéralisation du secteur des télécommunications (notons qu'au Sénégal, l'organe de régulation a été mis en place en mars 2002).

Mais il convient de souligner l'absence d'une politique cohérente, systématique et intégrée en matière de TIC dans les différents pays, politique qui doit être en adéquation avec la situation macro-économique globale de chaque pays. Cette situation peut être un frein non seulement pour l'accès universel, mais aussi pour concrétiser les bénéfices attendus des TIC.

Si de façon isolée des individus parviennent à saisir des potentialités des TIC notamment avec le commerce électronique, il arrive que certains, du fait de contraintes d'ordre financier, institutionnel et logistique ne puissent pas bénéficier de ces opportunités.

C'est le cas par exemple du GIE «Thiané et frères» établi à Sinthiou Malem au Sénégal.

Encadré 7: Cheikh Thiané, GIE «Thiané et frères», Sinthiou Malem

«Je sais qu'avec Internet, on peut faire de bonnes affaires mais il faut avoir une bonne assise financière; ceci je l'ai appris à mes dépends en voulant acheter du fil de fer galvanisé: en effet notre GIE a une petite unité artisanale de fabrication de grillage et j'ai vu dans Internet une proposition de prix très intéressante de fil de fer galvanisé (près du tiers du prix du produit à Dakar, tout frais compris); seulement pour profiter de ce bas prix, je devrais acheter une grande quantité donc avoir une disponibilité financière que je ne détenais pas, alors je n'ai pas pu profiter de l'offre».

Propos recueillis lors de l'atelier de restitution de l'étude TIC et DEC au Sénégal, juillet 2001.

L'absence d'infrastructures de base adéquates telles que l'électricité a empêché que le projet Acacia sur la gouvernance en Ouganda soit mis en œuvre dans un village initialement prévu; il a alors été transféré vers un autre, créant ainsi des frustrations. À Maka Coulibantang et à Sinthiou Malem, villages très éloignés de Dakar au Sénégal, sans électricité, des groupes électrogènes ont été utilisés pour faire fonctionner les télécentres et cela pose beaucoup de problèmes (coût du carburant pour faire fonctionner les machines, pannes des machines du fait de la fluctuation de la tension électrique, etc.).

L'absence de structures de conservation et de stockage de la production maraîchère, mais aussi la déficience de l'organisation des femmes, par exemple, empêchent les femmes marayeuses de Joal de satisfaire la demande de clients «virtuels» car n'ayant pas la qualité et la quantité demandées faute de structures de stockage, sachant que, le produit demandé en l'occurrence le poisson est très périssable. Plusieurs exemples de cette nature peuvent être cités montrant la nécessité d'avoir une politique et un environnement institutionnel favorables pour une démocratisation de l'accès aux TIC. Ceci pose aussi la nécessité d'une formation en gestion de petites et moyennes entreprises dans le but d'acquérir des connaissances sur comment organiser leurs entreprises ou activités pour bénéficer au maximum des opportunités offertes par les TIC sachant que les opérateurs économiques qui voudraient se lancer dans le commerce électronique devraient être soumis aux exigences de qualité, de quantité, de disponibilité, de liquidité, etc.

Dans ce même ordre d'idées, on note par ailleurs l'absence d'une politique systématique en matière de TIC, ce qui empêche l'institutionnalisation des TIC dans l'enseignement, au Sénégal par exemple.

L'approche et la vision intégrée des TIC suggèrent que le rôle de ces outils soient considérés dans une perspective transversale et que la problématique de leur utilisation à des fins de développement soit insérée dans toutes les dimensions: politique, économique, culturelle, sociale.

Conclusion

Les TIC sont de plus en plus intégrées dans les programmes de développement des pays africains et la place prépondérante qu'elles occupent dans le Nouveau partenariat pour le développement de l'Afrique (Nepad) en est une bonne illustration. Des mesures sont prises pour tendre vers l'institutionnalisation progressive de ces outils dans le système économique et social des pays africains dans le sens de l'intégration de ces pays dans l'économie de l'information. Toutefois, le chapitre 2 de ce document montre qu'à l'heure actuelle, ces mesures sont encore discrètes et n'ont pas encore abouti à la mise en place d'une stratégie et d'une politique plus générales de prise en compte des TIC dans le cadre macro-économique global de ces pays.

L'insertion dans l'économie de l'information demande des actions de grande envergure qui touchent tous les secteurs de la vie économique et sociale, car les TIC peuvent être utilisées dans tous les domaines d'activités si les contraintes limitant la manifestation des effets de transformation sont levées.

Bien que l'objectif principal ne soit pas la vérification de l'hypothèse du programme Acacia à savoir que les TIC peuvent permettre aux communautés africaines de trouver des nouvelles voies pour améliorer leurs conditions de vie, la recherche nous a montré que les TIC et en particulier les nouvelles TIC peuvent contribuer à l'amélioration des conditions de vie des populations africaines en répondant à leurs attentes, qui sont dynamiques et changeantes. Des attentes sont exprimées en termes d'accès à des informations dans le domaine agricole, de l'éducation, de la gouvernance, etc. Au fur et à mesure que les populations se familiarisent avec les TIC, elles découvrent les opportunités que ces outils peuvent offrir et elles expriment des besoins sur la base de l'utilité anticipée qu'elles attribuent à ces outils, à savoir la capacité des TIC à régler des problèmes pratiques et concrets auxquels ces populations sont confrontées.

Par ailleurs, on peut noter au chapitre 4 que des changements non négligeables ont été observés par ces populations elles-mêmes dans leur tentative d'appropriation de ces outils. Ces changements touchent aussi bien les individus que les organisations communautaires. Ils sont décrits en terme de renforcement de capacités, d'acquisition de nouvelles compétences, de meilleure efficacité dans les activités menées dans les communautés, d'une meilleure intégration de certains groupes naguère marginalisés, etc.

Ainsi des actions d'envergure et urgentes devraient être menées pour non seulement répondre aux attentes, mais aussi pour consolider les bases de l'appropriation des TIC par ces communautés africaines.

Dans cette perspective, à partir de la recherche menée, des défis et de nouvelles problématiques, communs aux pays étudiés, ont été identifiés. Nous pensons que la plupart de ces défis et problématiques soulevés peuvent être généralisés à l'échelle de l'Afrique. Ces défis sont posés aux communautés elles-mêmes, aux chercheurs et aux centres de prises de décisions (États, organismes de recherche et de financement du développement).

Ils portent globalement sur les mécanismes de participation et d'appropriation des TIC, sur les supports et les formats de collecte, d'organisation, de diffusion et de partage de l'information utile et des connaissances véhiculées par les TIC. Ces défis portent également sur la disponibilité de supports adéquats pour la formation (formelle et non formelle) aux TIC et également par les TIC. Ils portent aussi sur la mise en place d'un cadre institutionnel favorable à l'utilisation des TIC pour le développement. Ces défis se posent aussi en termes d'accès démocratique à ces ressources pour toutes les composantes des communautés et en termes de disponibilité de contenus permettant à ces composantes de profiter et de concrétiser les attentes vis-à-vis des TIC.

Ainsi, les recommandations suivantes sont formulées sous forme d'actions à mener pour que les TIC soient au service du développement communautaire en Afrique.

1- Il est important de noter que le processus d'introduction des TIC est loin d'être un processus unitaire; il est plutôt dynamique et on peut noter plusieurs étapes dans le processus d'introduction des TIC en Afrique. D'abord c'est l'étape de la sensibilisation aux différentes potentialités des TIC pour le développement communautaire. Puis suit l'étape de l'utilisation de base des TIC. Ensuite vient l'étape de demande de produits et de contenus spécifiques tels que des contenus en langues nationales, des contenus pour certaines catégories de la population (handicapés, etc.).

Cette situation pose de grands défis à la communauté des chercheurs et aux organismes de développement qui doivent s'adapter au rythme d'évolution des besoins des communautés.

Les décideurs politiques aussi sont concernés par ces défis car devant mettre en place des cadres juridico-réglementaires et créer les conditions favorables à l'accès équitable et à l'appropriation des TIC par les communautés.

2- La participation s'avère être une problématique centrale dans le processus d'introduction et pour promouvoir l'utilisation des TIC pour le développement communautaire. Il est observé dans les communautés étudiées que les TIC sont généralement introduites par des projets et que la participation des populations se résume souvent à des contributions d'appoint. Dans ces communautés, les mécanismes d'appropriation sont certes amorcés, mais la participation de la grande masse des populations est encore problématique, ceci même au sein des populations qui ont conscience de l'utilité potentielle des TIC. Des études plus approfondies devront être menées, qui permettront de comprendre les mécanismes de prises de décision des différents acteurs des communautés notamment en matière de TIC. Il est aussi important de chercher à mieux comprendre l'attitude des communautés par rapport à l'innovation, afin d'identifier les facteurs qui sous-tendent l'adoption des TIC par les communautés rurales pauvres.

Il est constaté aussi que des externalités négatives (inégalité, discriminations, etc.) peuvent s'associer au processus d'introduction des TIC et il convient de les identifier et de les prendre en compte dans la dynamique et la perspective d'une utilisation de ces TIC pour un développement équitable, harmonieux et équilibré.

Plusieurs facteurs semblent déterminer l'accès aux TIC par des communautés pauvres (la localisation, le revenu, le sexe, l'âge, la langue et le niveau d'instruction etc). Toutefois des études plus systématiques et des analyses plus approfondies à partir d'une base de données et de séries temporelles assez étendues sont nécessaires pour déterminer la nature, le type et le sens des relations entre l'utilisation des TIC pour le développement et ces différents facteurs. Ces études devront permettre aussi de bien établir la relation entre l'utilisation des TIC et les différents facteurs identifiés. Ces analyses et études semblent être plus pertinentes lorsqu'elles sont circonscrites dans une aire géographique homogène, en l'occurrence le pays.

3- Un des résultats importants de la recherche est le faible niveau d'utilisation par les femmes des nouvelles TIC: les femmes utilisent moins les nouvelles TIC que les hommes, même dans le cas où elles sont relativement instruites. Sachant que l'implication des femmes, malgré les résistances et les contraintes, est une condition requise pour leur participation dans l'économie de l'information, des mesures tendant à mener une discrimination positive envers les femmes devraient être préconisées. Et en termes de programmation et d'interventions futures, les projets spécifiquement dédiés aux femmes semblent être un moyen plus ou moins sûr de réussir cette implication. L'implication des femmes dans la gestion des projets et le développement du leadership féminin sont aussi des conditions pour assurer leur participation et leur appropriation des TIC. Par ailleurs, des recherches spécifiques devraient être menées pour trouver des applications et supports de transmission de l'information qui sont les plus adaptés à leurs conditions, à leurs besoins, à leur rôle dans la communauté et à leur structure de pensée, telle qu'exposée par Rathgeber (2000), sachant que les contextes et pesanteurs socioculturels peuvent être déterminants dans la recherche de solutions pour réduire les disparités dans l'accès aux TIC.

4- D'une façon générale, les technologies introduites sont adaptées aux sites étudiés qui disposent d'un minimum d'infrastructures. Seulement, vus les coûts d'installation et les charges récurrentes liées à l'utilisation des nouvelles technologies (Internet, E-mail, etc.) et dans un souci d'améliorer l'accès des communautés à ces outils, il peut être envisagé, dans des projets futurs, à l'utilisation de technologies alternatives demandant moins d'infrastructures (utilisation de satellites, une technologie sans fil, utilisation des outils multimédias, etc.). Il peut être également décidé de multiplier les points d'accès communautaires permettant d'allier les technologies traditionnelles maîtrisées avec les nouvelles TIC pour promouvoir un accès plus démocratique aux TIC. Des technologies alternatives adaptées et abordables sont nécessaires pour un accès universel aux TIC.

5- À la lumière des résultats obtenus, l'on peut dire que les TIC peuvent effectivement contribuer à une amélioration des conditions de vie des populations. Il est nécessaire de quantifier les changements effectifs et d'identifier et mesurer les incidences de l'utilisation des TIC sur le niveau des revenus (tant au niveau individuel, qu'au niveau communautaire) sachant que le revenu peut être un facteur déterminant, mais aussi discriminant en plus d'être un facteur important dans l'évaluation du niveau de vie d'un individu ou d'une communauté.

Des recherches approfondies, basées sur des expériences réelles sont nécessaires pour mieux comprendre et mesurer les effets économiques des TIC sur la réduction de la pauvreté et la création de richesses.

6- Par ailleurs, étant données la particularité de chaque pays et l'importance du contexte institutionnel dans la mise en œuvre des projets de TIC, des approches essentiellement nationales devraient être privilégiées pour l'étude des TIC pour le développement. L'environnement institutionnel national semble être plus pertinent pour mener des études sur les TIC et le développement.

Tableau 16: Antenne TPS de Joal: typologie des utilisations de services au Sénégal (janvier 1999-novembre 2000)

Type de technologie utilisée	Fréquence absolue d'utilisation /type d'utilisateur			Total
	Organisations /institutions	Femmes	Hommes	
Navigation Internet	14	41	60	115
Courriel	43	27	226	296
Traitement de textes	432	18	256	704
Inscriptions commerciales	12	0	15	27
Insertion d'opportunités	6	0	3	9
Scanner	1	0	0	1
Fax	1	0	3	4
Formation	0	2	3	5
Total	**509**	**88**	**565**	**1162**

Source: Nos calculs à partir de la base de données de l'Antenne de Joal, Sénégal.

Tableau 17: Typologie des TIC utilisées selon la localisation au Sénégal

Utilisations	Nombres d'utilisateurs Institutions/ Organisations		Utilisateurs individuels Femmes		Hommes		Total
	Joal*	RB**	Joal	RB	Joal	RB	
Navigation Internet	14	3	41	0	60	15	133
Courriel	43	9	27	6	226	53	364
Traitement de textes	432	33	18	1	256	50	788
Inscription commerciale	12	0	0	0	15	4	31
Insertion d'opportunités	6	0	0	0	3	0	9
Scanner	1	0	0	0	0	0	1
Fax	1	0	0	0	3	0	4
Formation	0	-	2	1	3	0	6
Recherche d'opportunités d'affaires	0	0	0	0	0	1	1
Appel téléphonique	0	21	0	0	0	17	38
Total	**509**	**66**	**88**	**8**	**566**	**140**	**1375**

Source: *Nos calculs à partir de la base de données de l'Antenne de Ross-Béthio et de Joal au Sénégal, novembre 2000.*

Note: * : *zone urbaine;*
** : *zone rurale;*
RB = Ross Béthio.

Tableau 18: Typologie des utilisations selon la localité en Ouganda

| Région | Localité | Tél. | Fax | Services* (%) | | | | |
				Internet	Trait. textes	E-Mail	Autres**
Nakawa/ CEEWA	Banda	60.0	40.0	0.0	20.0	0.0	0.0
	Bugolobi	60.0	0.0	0.0	0.0	0.0	20.0
	Bukoto	80.0	20.0	0.0	20.0	40.0	20.0
Nabweru/ CEEWA	Kazo/Nabweru	100.0	0.0	0.0	60.0	0.0	40.0
	Manganjo	80.0	0.0	0.0	0.0	0.0	20.0
	Nansana	75.0	0.0	0.0	25.0	0.0	0.0
Buwama/ CEEWA	Mbizzinya	66.7	16.7	0.0	16.7	16.7	16.7
	Jalamba	25.0	0.0	0.0	0.0	25.0	0.0
	Katebo	66.7	0.0	0.0	0.0	33.3	66.7
Rubaya/ AHI	Karujanga	70.0	0.0	0.0	0.0	0.0	30.0
	Kibuga	38.5	0.0	0.0	0.0	0.0	7.7
	Rwanyena	23.1	0.0	0.0	0.0	0.0	0.0

Source : Enquêtes/questionnaires «Étude ICT CBD Ouganda», novembre 2000.

Note: * Réponses multiples ; ** Photocopie uniquement.

Tableau 19: Principales sources d' informations sur les TIC en Ouganda

Sources d'information	Réponses*	
	%	n
Radio	69,2	54
TV	23,1	18
Journal/revue	20,5	16
Projet	12,8	10
ONG	24,4	19
Projet Acacia	23,1	18
Autres	17,9	14

Source: *Enquêtes/questionnaires « Étude ICT CBD Ouganda »,
novembre 2000.*

Note: * *Réponses multiples.*

Tableau 20: Première période d'utilisation des TIC en Ouganda

Période	%	n
Avant 1998	35.6	16
1999	20.0	9
2000	44.4	20
Total	**100.0**	**45**

Source: *Enquêtes /questionnaires «Étude ICT CBD Ouganda»,
novembre 2000.*

Tableau 21: Fréquence d'utilisation des TIC selon la localisation

Région	Localité	Fréquence (%)			
		chaque jour	chaque semaine	jamais	quelques fois
Nakawa/	Banda	33.3	0.0	33.3	33.3
CEEWA	Bugolobi	0.0	0.0	66.7	33.3
	Bukoto	50.0	25.0	0.0	25.0
Nabweru/	Kazo/Nabweru	0.0	0.0	0.0	100.0
CEEWA	Manganjo	0.0	50.0	0.0	50.0
	Nansana	0.0	66.7	0.0	33.3
Buwama/	Mbizzinya	50.0	25.0	0.0	25.0
CEEWA	Jalamba	100.0	0.0	0.0	0.0
	Katebo	0.0	66.7	0.0	33.3
Rubaya/AHI	Karujanga	0.0	14.3	0.0	85.7
	Kibuga	0.0	16.7	0.0	83.3
	Rwanyena	0.0	0.0	0.0	100.0

Source: *Enquêtes /questionnaires «Étude ICT CBD Ouganda», novembre 2000.*

Tableau 22: Motifs d'utilisation des TIC en Ouganda

Région	Localité	Travail	Contact avec les membres de la familles	Commerce	Education et recherche	Info. agricoles	Info. sanitaires	Loisirs	Autres %
Nakawa/ CEEWA	Banda	0.0	60.0	20.0	0.0	0.0	0.0	0.0	0.0
	Bugolobi	20.0	60.0	0.0	0.0	0.0	0.0	0.0	0.0
	Bukoto	60.0	80.0	20.0	0.0	0.0	0.0	0.0	0.0
Nabweru/ CEEWA	Nabweru	60.0	80.0	40.0	0.0	0.0	20.0	0.0	0.0
	Manganjo	0.0	40.0	20.0	0.0	0.0	0.0	0.0	0.0
	Nansana	0.0	50.0	50.0	0.0	0.0	0.0	0.0	0.0
Buwama/ CEEWA	Mbizzinya	50.0	50.0	16.7	16.7	16.7	16.7	0.0	0.0
	Jalamba	25.0	25.0	0.0	25.0	0.0	0.0	0.0	0.0
	Katebo	66.7	100.0	33.3	33.3	0.0	0.0	0.0	0.0
Rubaya/ AHI	Karujanga	50.0	70.0	10.0	20.0	0.0	0.0	0.0	10.0
	Kibuga	23.1	30.8	0.0	0.0	0.0	0.0	0.0	0.0
	Rwanyena	7.7	15.4	0.0	0.0	0.0	0.0	0.0	0.0
	Moyenne	28.2	48.7	12.8	6.4	1.3	2.6	3.8	2.6

Avec « Motif (%) » comme intitulé de groupe pour les colonnes Travail à Autres.

Source: *Enquêtes questionnaires «Étude ICT CBD Ouganda», novembre 2000.*

Annexe 1

Le SEAA (ELSA): Système d'évaluation et d'apprentissage pour Acacia (Evaluation and Learning System for Acacia)

Acacia a fait sienne l'hypothèse fondamentale selon laquelle les TIC permettront aux communautés pauvres de l'Afrique de contribuer plus efficacement à leur propre développement et d'éviter, ou de passer rapidement sur, les étapes traditionnelles du processus de développement. Cette hypothèse est testée dans le cadre d'activités du projet Acacia.

L'apprentissage et l'expérimentation sont d'importantes caractéristiques de la démarche du programme Acacia en matière de développement et de la façon dont elle fait adopter les TIC dans les collectivités en développement. Cela se manifeste tant dans la conception même de l'initiative et sa méthodologie participative, que dans l'intégration de l'évaluation et de l'apprentissage à toutes les étapes de l'exécution. Le volet évaluation de l'initiative Acacia est par conséquent plus qu'un simple examen visant à établir les objectifs atteints et les résultats obtenus. C'est une démarche évaluative associant l'apprentissage continu et l'expérimentation à d'autres activités d'évaluation. Il est important que les changements se fassent à mesure que des enseignements sont tirés, que ce soit au sein même de l'initiative, chez les partenaires d'Acacia ou dans le milieu du développement en général. Les mécanismes d'apprentissage clés sont les auto-évaluations, les parties prenantes, les participants et le personnel des projets travaillant de concert pour définir les objectifs d'apprentissage et dégager une compréhension commune des résultats des activités du programme Acacia.

Cela suppose la mise en place de mécanismes de rétroaction, l'affectation de ressources à l'orientation et à la formation des participants à l'apprentissage, et des possibilités d'échanges entre les multiples parties prenantes. La formule adoptée par le système d'évaluation et d'apprentissage (ELSA) est en soi novatrice en ce sens qu'elle englobe l'apprentissage continu et l'évaluation, les nouvelles connaissances et les éléments assimilés étant transmis tant aux gestionnaires d'Acacia que directement aux collectivités.

Les échanges avec les principales parties prenantes d'Acacia font partie intégrante d'ELSA, afin de pouvoir incorporer, dans le cadre d'un apprentissage continu et les activités d'évaluation, leur point de vue sur les critères de rendement et sur les exigences en matière de rapports sur les progrès effectués et les résultats obtenus. Dans la mesure du possible, l'initiative Acacia facilitera le travail d'ELSA au moyen de la connectivité électronique. Pour aider à frayer la voie, le CRDI a versé sur ce site Web les rapports et études de chacune des phases de l'initiative. Par ailleurs, la section «Échanges avec Acacia» a été créée, dans une première tentative de susciter un afflux d'informations vers l'initiative et favoriser ainsi une interaction bi-directionnelle.

L'évaluation et l'apprentissage seront présents à tous les niveaux de l'initiative Acacia, non seulement pour aider à évaluer les répercussions d'Acacia sur la vie des collectivités, ou à évaluer la pertinence, l'efficience, l'efficacité et la viabilité de ses divers projets et programmes, mais aussi pour aider à comprendre le rôle et les effets des TIC sur le comportement des projets (et des participants aux projets) et sur la réalisation des objectifs des projets. Pour plus de précisions sur les répercussions des TIC dans le domaine de l'aide au développement, consultez le site «Learning and Action Program (GK-LEAP)», géré par Bellanet, un des partenaires d'Acacia.

La démarche d'ELSA comprend quatre composantes intégrées:

a. évaluations de projets visant à dégager des données de référence et des évaluations de programmes pour répondre aux besoins du CRDI et des autres parties prenantes;

b. utilisation de mécanismes et d'outils des TIC novateurs pour favoriser l'apprentissage et la rétroaction à tous les niveaux;

c. recherches pour tester les hypothèses qui émanent des connaissances acquises grâce à l'initiative Acacia;

d.   échanges entre les parties prenantes de l'initiative Acacia à tous les niveaux, pour faire en sorte que les enseignements tirés soient diffusés, adaptés, puis réinsérés dans la prestation du programme et l'exécution des projets.

Source : http://www.idrc.ca/acacia/

Annexe 2

Description détaillée des projets étudiés

Afrique du Sud

Projet n°003981: Un réseau électronique communautaire pour l'environnement dans le Bassin-versant du Fleuve Msunduzi[4]

Contexte

Le bassin-versant du Fleuve Msunduzi s'étend sur 540 km^2 et abrite plus de 500 000 habitants, dont 400 000 vivent dans la zone urbaine et péri-urbaine de Pietermaritzburg-Msunduzi. La moitié des habitants habite principalement dans la zone rurale de Vulindlela, la partie supérieure du bassin. La plupart de ses habitants proviennent de milieux défavorisés, ont un faible niveau d'instruction et maîtrisent mal les questions d'environnement et de développement. À cela s'ajoute un faible niveau de développement et une utilisation anarchique des terres par les autorités et les différentes administrations et par certains individus défendant des intérêts commerciaux et industriels. Ceci a considérablement affecté l'hygiène environnementale du bassin-versant, entraînant une instabilité sociale, mais aussi une certaine indifférence envers l'environnement. D'un autre côté, une bonne hygiène

---

[4] Extraits de «A Community-based Electronic Environnemental Network in the Msunduzi River Catchment: A Review and a Model», document préparé pour le projet Acacia par Nick Rivers-Moore et Duncan Hay Institute of Natural Resources, août 1998.

de l'environnement peut contribuer à créer un sentiment d'appartenance, de fierté communautaire et de stabilité sociale et permet de réduire les problèmes de santé de la communauté.

En collaboration avec le Département des eaux et forêts (DWAF), Umgeni Water a lancé le Projet de Gestion du Bassin-versant de Mgeni, qui intègre le bassin de Msunduzi. Dans le cadre de ce projet, les observations suivantes ont été émises sur la situation du Bassin-versant de Msunduzi (aspects qualitatifs et quantitatifs de l'eau):

*   Taux élevé de contamination fécale: une indication de l'inadéquation de l'approvisionnement en eau et des systèmes d'assainissement (de même que le système éducatif).
*   Forte présence de sédiments dans les barrages-réservoirs, signe d'une forte érosion du sol entraînée par une utilisation anarchique des terres et par les techniques de génie civil employées.
*   Forte présence de phosphore due aux déchets industriels et les infiltrations provenant des terres cultivées.
*   Contamination au métal principalement causée par les industries et les véhicules à moteur.
*   Dégradation de l'hygiène environnementale aquatique due à son invasion par la végétation environnante, la pollution et la destruction de l'habitat naturel.
*   Inondations périodiques qui mettent en péril de nombreuses vies et risquent de détruire les moyens de subsistance.

Il suffit de faire une petite promenade dans la région d'Azalea, dans le Greater Edendale pour se rendre compte de la dure réalité que vivent les populations. Vous y apercevrez d'énormes traces de sol érodé causées par le surpâturage; des latrines à fosse externes protégées par un réseau d'égout défaillant et s'écoulant dans les cours d'eau environnants; des colonnes d'alimentation fracassées qui laissent s'échappent des torrents d'eau dans les canaux pour eaux pluviales; des maisons conventionnelles bâties dans des zones inondables ou directement dans les zones humides et les lits de rivière; des déblais et des remblais d'une zone de chantier sans aucune végétation de reconstitution; d'innombrables déchets jonchant les rives. Vous serez surtout frappés par le nombre de chômeurs et de personnes restant au foyer.

Une des meilleures façons de résoudre ces problèmes consisterait à mieux informer les individus dont les activités affectent l'environnement (les personnes défavorisées, mais aussi les industriels, les entrepreneurs et les administrateurs locaux). Une mauvaise maîtrise des questions relatives à l'environnement peut entraîner une mauvaise hygiène d'environnement et/ ou rendre le problème irréversible. Inversement, une surcharge d'informations peut avoir un effet saturant sans nécessairement fournir des indications sur la manière d'utiliser l'information pour améliorer la qualité de l'environnement. Les individus impliqués dans tous les secteurs socio-économiques doivent être conscients des conséquences de leurs actions. C'est la seule manière de modifier l'attitude des populations envers l'environnement. Pour mieux comprendre le problème, il faut un meilleur accès à l'information et une interaction renforcée entre et au niveau de chaque secteur et milieu socio-économique (Le «Greater Edendale Environmental Network» et l'Institut des ressources naturelles ont récemment tenu un atelier communautaire regroupant une cinquantaine de participants, à Pietermaritzburg-Msunduzi. Le but était de familiariser les dirigeants des communautés avec le concept de gestion intégrée du Bassin-versant et d'élaborer une plate-forme commune. Les responsables de la communauté ont cité le manque d'informations comme un des principaux obstacles à la bonne gestion environnementale du bassin). La majorité des habitants pensent qu'il est impossible d'apprendre ou d'agir en utilisant la forme conventionnelle d'éducation à l'environnement. Pour aider les populations à prendre des décisions adaptées concernant leur propre vie ou l'environnement, il faudrait adopter une stratégie différente. Il est essentiel d'instaurer un dialogue entre acteurs locaux (une sorte d'échange d'informations entre les communautés, entre les communautés et experts et entre les communautés, les ONG et le gouvernement (au niveau local, provincial et national), afin d'expliquer les différentes perspectives et de fournir aux différentes parties les outils nécessaires à une prise de décision et à une action efficaces.

Ce programme remonte au 25 décembre 1995, lorsque les inondations survenues ce jour de Noël ont révélé les besoins en matière de communication et de gestion de l'information sur le bassin-versant. Ces inondations ont ravagé les zones situées autour du bassin; elles ont également causé 160 victimes et entraîné le déplacement de 500 familles. Toutes ces personnes habitaient dans des zones inondables. Cette catastrophe est la preuve que les personnes marginalisées et défavorisées ont été exclues des processus environnementaux. L'ignorance des dangers que représentent les plaines inondables, l'impossibilité pour ces populations de s'établir ailleurs, la dégradation du bassin-versant et enfin, un phénomène

113

pluviométrique épisodique ont conduit à cette issue fatale. Au moment du lancement du projet visant à concevoir des solutions à court terme aux problèmes d'inondation (en identifiant et évacuant les personnes établies dans les zones à haut risque), il était devenu évident qu'il fallait adopter une stratégie holistique pour résoudre les multiples problèmes liés au bassin-versant. Grâce au financement de la Fondation GTZ pour le développement rural, quatre organisations se sont réunies pour lancer le Projet de Gestion Intégrée du Bassin-versant de Msunduzi, notamment: l'Institut des ressources naturelles (INR); le «Greater Edendale Environmental Network»- (GREEN); le Centre informatique pour la recherche hydrologique (CCWR); Share-Net.

Les activités suivantes ont été menées dans le cadre de ce projet:

- Établissement d'une base conceptuelle et contextuelle pour un développement durable dans le Bassin du Msunduzi.
- Constitution d'une base de données sur les acteurs impliqués.
- Formation d'un «groupe de responsables» de la gestion du bassin.
- Élaboration d'un projet commun entre les différents acteurs sur les formes d'amélioration à apporter au Bassin et les moyens à déployer pour y parvenir.
- Participation intensive à des projets communautaires, pour mieux expliquer les problèmes liés au bassin.
- Élaboration de stratégies de formation et de gestion de l'information.
- Développement d'une stratégie de Gestion intégrée du bassin sur la base de toutes les initiatives précitées.

L'analyse de cette approche a mis en avant le rôle essentiel de la communication et de l'échange d'informations. Il a été démontré que si les communautés défavorisées avaient accès à des informations directement liées à leurs vies et à leurs moyens d'existence, elles pourraient alors réagir de manière plus adaptée. Internet permet de créer, d'échanger et d'accéder à des informations. La communication et la co-création d'informations permettent de réaliser diverses activités liées au bassin. L'échange d'informations et la coordination des actions entre les différents secteurs et niveaux de la société sont également importants. Un des problèmes spécifiques demeure l'accès à l'information par les organisations représentant les différentes communautés du bassin. C'est la manière la plus efficace de communiquer avec ces communautés. Afin de remédier à ce problème, l'INR,

114

appuyé par le CCWR sur le plan technique et conceptuel a initié un projet pilote de constitution de trois centres électroniques d'information et de communication situés au sein des communautés ou en contact avec celles-ci et géré par une organisation communautaire: Indumiso Environmental Awareness Society (Association de sensibilisation à la question de l'environnement) (IEAS); Greater Edendale Environmental Network (Réseau pour l'Environnement de Greater Edendale) (GREEN); et Sobantu Environmental Desk (Bureau Sobantu pour l'environnement).

Cette opération a connu un succès relatif, mais elle a permis diverses réalisations:

*   Une formation en informatique et en mise en réseau électronique a été mise en place .
*   IEAS et GREEN ont constitué leurs sites Internet/pages d'accueil.
*   GREEN a conçu un bulletin de liaison sur sa page d'accueil et en a distribué une version papier aux représentants de la communauté.
*   Les deux groupes sont régulièrement en contact avec les institutions et utilisent les informations disponibles sur Internet.
*   Le compte-rendu des activités menées par les différents groupes dans la zone du Bassin figure sur leurs sites.
*   Une partie du Système automatisé intégré d'informations sur le bassin-versant (ICS) a été chargée sur l'ordinateur de l'IEAS et les membres de l'association y rajoutent et traitent des données collectées sur le terrain.
*   Le site de Sobantu est en cours d'élaboration.

Il faudrait augmenter le nombre de sites Internet et encourager les autres projets/organisations à réaliser leur propre site, de sorte à améliorer la circulation d'informations provenant ou en direction des communautés, afin d'assurer une meilleure communication. Il est également nécessaire d'élaborer, d'expérimenter et de perfectionner un modèle de communication et d'échange d'informations applicable au Bassin. L'intérêt de ce projet est qu'il vise à augmenter le nombre de sites d'échange d'informations. Bien que ce projet soit conçu pour les résidents des zones péri-urbaines et urbaines, il est important d'y intégrer les populations rurales de la zone supérieure du bassin. Leurs activités affectent également l'environnement urbain, en aval, ce qui rend indispensable leur participation à ce projet.

But et objectifs du projet

But

Le principal but est d'améliorer la prise de décision grâce à une meilleure communication entre communautés et institutions et mieux gérer l'information sur les questions d'environnement et de développement dans le Bassin-versant du fleuve Msunduzi.

Objectifs

1. Passer en revue les expériences nationales et locales en matière de système d'information et de communication communautaire.
2. Élargir (de trois à huit centres) le réseau communautaire électronique du Bassin-versant du fleuve Msunduzi; ce réseau améliorera considérablement la prise de décision sur les questions d'environnement.
3. Transformer GREEN en un organe central du réseau électronique.
4. Initier à l'informatique les représentants des organisations membres et leur apprendre à mieux utiliser le réseau électronique.
5. Sensibiliser les représentants des organisations membres aux questions d'environnement, de développement et à leurs conséquences; les initier à la prise de décision conjointe, pour résoudre les multiples problèmes.
6. Amener les représentants des organisations membres à expliquer aux populations les questions d'environnement et de développement.
7. Rendre plus accessible et plus compréhensible l'information sur les questions d'environnement et de développement dans le Bassin-versant du Fleuve Msunduzi.
8. Élaborer, tester et valider un modèle d'information et de communication électronique centré sur les groupes communautaires, applicable au niveau local et régional et pouvant servir de base à une stratégie nationale.
9. Permettre une évaluation efficace du projet.
10. Planifier, développer et financer les activités de mise en réseau lancées.

Kenya: renforcer la participation des femmes au système de gouvernance grâce à un meilleur accès à l'information civique

Ce projet qui a été lancé en 1998 est en train d'être mis en place/ exécuté par le «Family Support Institute» – Institut pour la Famille (FASI), au Kenya. FASI est une ONG locale travaillant avec les communautés rurales dans plusieurs régions du pays ; elle collabore essentiellement avec les femmes dans le domaine de la santé familiale. FASI a identifié deux centres qui seront chargés de la mise en place et de la conduite du projet: le centre Shibuye, situé dans le District de Kakamega, dans la Province occidentale et le centre Nguumo, qui se trouve dans le District de Makueni, dans la Province orientale.

L'objectif principal de ce projet est d'utiliser les infrastructures des centres de ressources communautaires, pour permettre aux femmes des collectivités rurales de Kakamega et Makueni d'avoir accès, de produire et d'utiliser des informations civiques, afin de renforcer leur participation à la gouvernance. Les centres de ressources ont la même finalité que les télécentres.

Ce projet est censé aider les femmes à prendre conscience de leurs droits civiques et de leurs responsabilités au sein des centres de projet; il a été élaboré pour encourager l'émergence d'un groupe de femmes bien informées et capables de prendre part au processus électoral. Les principes de responsabilité et de transparence qui constituent les fondements de la bonne gouvernance seront inculqués aux femmes dans le cadre des programmes continus d'éducation civique prévus dans le projet des NTIC.

A la fin de ce projet, les femmes pourront participer à la prise de décision politique de façon plus efficace, particulièrement dans des domaines liés au développement. Cela serait possible grâce à l'utilisation des NTIC pour l'extension et l'amélioration de leurs systèmes d'informations et de leurs réseaux traditionnels.

Objectifs spécifiques

* Aider les femmes à prendre conscience de leurs droits civiques et de leurs responsabilités.
* Renforcer la communauté de femmes capables de participer au processus électoral en tant que candidates ou électrices.

117

- Renforcer la représentation féminine au niveau des postes de décision dans les secteurs public et privé.
- Permettre aux membres de la communauté de mieux contrôler le processus électoral et promouvoir le concept d'élections libres.
- Promouvoir les principes de responsabilité, de transparence et de bonne gouvernance.
- Améliorer la capacité de prise de décision des femmes de la communauté en leur offrant un meilleur accès aux Nouvelles technologies de l'information et de la communication (NTIC); leur apprendre à mieux les utiliser pour leurs besoins personnels.
- Offrir davantage de moyens aux communautés, leur permettant ainsi d'actualiser leurs informations sur la gouvernance.
- Renforcer l'utilisation des NTIC au sein des communautés, pour l'amélioration des systèmes d'information et des réseaux traditionnels.

Activités relatives au projet

Les activités du projet, ainsi que celles des centres de ressources ou télécentres ont été définies comme suit:

1. Évaluer les besoins au niveau des districts cibles du projet, afin de faire un état des ressources d'informations civiques disponibles et du niveau d'équipement en technologies de l'information et de la communication.
2. Convoquer une réunion consultative afin de permettre aux décideurs de passer en revue et d'échanger les informations civiques et les informations disponibles sur les ressources en technologies de l'information. Cette réunion permettra également d'évaluer l'efficacité de ces ressources, d'identifier les lacunes existantes et de développer un plan d'action.
3. Produire davantage de supports pour l'éducation civique et assurer des outils de technologies de l'information et de la communication performants; enfin, mettre en place un programme de formation adapté aux besoins identifiés.
4. Établir des centres de ressources dans les zones de projet dotées de supports d'apprentissage de l'éducation civique et d'infrastructures pour les technologies de l'information et de la

communication; de tels centres seront également installés dans les zones où sont organisés des programmes de formation.

5. Recruter des personnes-ressources maîtrisant les technologies de l'information et de la communication, des agents spécialisés dans la gestion des centres de ressources communautaires et des personnes pour encadrer les groupes de femmes; ces personnes seront issues des communautés-cibles.

6. Former les agents et les moniteurs bénévoles chargés d'encadrer les groupes de femmes en matière de gestion et d'utilisation des centres d'information communautaires et des technologies de l'information et de la communication.

7. Assurer la formation des groupes de femmes issues des collectivités locales en matière d'éducation civique, de gestion des centres d'information communautaires et de technologies de l'information et de la communication.

8. Organiser des tournées entre femmes issues de différentes zones, pour un échange d'informations.

Projet n°055449: Promotion économique des femmes grâce aux NTIC

Le programme Acacia a été lancé en Ouganda avec le soutien du CRDI. Ce projet-pilote a été élaboré pour permettre aux communautés rurales défavorisées d'améliorer leur situation socio-économique et de subvenir à leurs besoins au niveau local grâce aux NTIC.

Le programme Acacia vise à renforcer l'utilisation des télécentres grâce à de nouvelles applications complémentaires adaptées aux besoins des communautés rurales, telles que la télémédecine, les données électroniques sur l'agriculture et les informations et formations diverses destinées aux femmes entrepreneurs, etc.

Contexte

Le Conseil pour l'autonomie economique des femmes en Afrique (CEEWA) – section ougandaise-est une organisation à but non lucratif qui, comme son nom l'indique, a pour but de promouvoir l'autonomie économique des femmes dans le cadre du processus de développement. Pour répondre aux besoins des femmes, la CEEWA – Ouganda a adopté les stratégies suivantes: la formation et la sensibilisation, la recherche et la documentation, la pratique du lobbying, dans le but de participer à certains comités techniques et groupes d'études organisés par les principales organisations du milieu économique et la pratique du lobbying de groupe, et la participation à des mouvements de pression en concertation avec d'autres ONG.

La CEEWA-Ouganda a mis sur pied quatre programmes de base permettant d'appliquer les stratégies citées ci-dessus:

- Femmes et prise de décision. Ce programme rassemble les professionnelles de milieux divers, qui mènent un travail de groupe, afin d'intégrer les problèmes des femmes dans le processus de développement économique.
- Femmes et finance. Ce programme vise à renforcer et valoriser l'égalité entre les sexes par le biais de projets de micro finance.
- Projet de Centre de ressources. L'objectif global de ce programme est de renforcer et de valoriser l'utilisation des technologies de l'information et de la communication par les femmes et les organisations qu'elles dirigent.
- Femmes et agriculture. Le principal objectif de ce programme est d'aider le gouvernement et les ONG à développer des services de vulgarisation agricole dans une perspective de genre.

Objectifs

Dans le cadre de sa mission (qui consiste à faciliter aux femmes l'accès aux ressources économiques), la CEEWA-Ouganda est en train de mettre sur pied un projet de deux ans qui utilisera les Nouvelles technologies de l'information et de la communication (NTIC) pour favoriser la croissance et le développement des entreprises féminines. L'objectif global de ce projet est de permettre aux femmes entrepreneurs et aux organisations féminines promouvant le développement de l'entreprenariat d'étudier la façon dont les NTIC peuvent être utilisées pour assurer l'autonomie économique des communautés. Ce projet vise à:

- Identifier les besoins en information des femmes dirigeant de petites ou micro structures et ceux des organisations féminines au niveau de 3 sites: Buwama, Nabweru et Kampala.

- Bâtir un potentiel en ressources humaines chez les femmes entrepreneurs et les organisations féminines membres, grâce à une formation en développement d'entreprise et grâce à l'application des NTIC dans le domaine de l'entreprise.
- Établir un Centre féminin d'information et de services electroniques (WIRES) qui permettra aux femmes entrepreneurs d'accéder aux informations spécifiques leur permettant d'améliorer leurs compétences en matière d'entreprenariat et de développer leurs entreprises;
- Contrôler, évaluer et documenter les performances des femmes entrepreneurs et des organisations féminines membres; diffuser les informations récoltées.

Projet n°055297: Programme écologique régional, African Highlands (AHI)

Le Programme écologique régional «African Highlands» (AHI) est un programme de recherche collaborative axé sur la gestion des ressources naturelles (GRN) dans les régions montagneuses d'Afrique centrale et orientale. Ce projet vise à renforcer la recherche agricole en Afrique centrale et orientale et à favoriser le développement des communautés à travers une utilisation durable des ressources naturelles grâce à l'utilisation et l'application des NTIC et autres moyens de communication au sein de la communauté. Les NTIC et autres moyens de communication permettront aux agriculteurs d'accéder à des informations utiles provenant de chercheurs en agriculture, d'agents de vulgarisation, de commerçants et d'agents de soutien.

But

Le but du projet est de contribuer au développement des communautés et de pérenniser les ressources naturelles des régions montagneuses d'Afrique orientale caractérisées par une culture intensive, grâce à l'application et la gestion des NTIC et des formes traditionnelles de communication.

Objectif général

Ce projet a été conçu pour aider les agriculteurs à mieux maîtriser les outils technologiques, afin de leur permettre de prendre de meilleures décisions au niveau domestique et communautaire. Ils pourront ainsi améliorer la production et la commercialisation de leurs produits et avoir de solides compétences en GRN.

Objectifs spécifiques

Il vise à accroître les connaissances des agriculteurs et des acteurs en matière de technologie et de commercialisation (entre autres) et à les familiariser aux NTIC, afin qu'ils puissent produire et commercialiser leurs produits de manière efficace. Il permettra également aux communautés d'appliquer et d'utiliser les NTIC pour répondre à leurs besoins en matière d'informations sur les techniques de production et de commercialisation. Il a pour objectif d'installer et de développer le réseau de télécentres et d'identifier la combinaison de NTIC la plus adaptée pour améliorer les connaissances et les compétences des agriculteurs en matière de GRN; il vise également à assurer la pérennité du réseau.

Il permet de mieux maîtriser les processus de communication et les dynamiques qui se déroulent au sein des communautés cibles et enfin, à évaluer les facteurs (positifs et négatifs) conditionnant l'utilisation des NTIC dans une perspective de développement.

Sénégal

Projet n°98 8150/01: Expérimentation d'espaces cyber jeunes dans l'enseignement moyen et secondaire au Sénégal

Résumé

Le Sénégal est un pays sahélien qui a une croissance démographique élevée (2,7% /an contre 0,9%/an au Canada) et une forte dégradation de l'environnement. En 25 ans, la population a doublé et cette évolution est particulièrement importante au niveau des jeunes.

Près de 58% de la population sont âgés de moins de 20 ans contre seulement 5% de personnes âgées (60 ans et plus). Avec la sexualité précoce, cette catégorie est la plus exposée aux conséquences de la fécondité et la plus vulnérable face à l'avancée du SIDA. Des enquêtes effectuées sur la sexualité des jeunes ont révélé que plus de 50% des scolarisés ont eu une expérience sexuelle sans aucune information sur les risques encourus.

Or, force est de constater que, jusqu'ici les jeunes ont été insuffisamment pris en charge par les structures mettant en œuvre des activités de plaidoyer pour la promotion de la santé reproductive, l'amélioration de leur environnement et la gestion de leur développement économique et social.

La recherche de solutions à ces problèmes a amené le GEEP, en partenariat avec le ministère de l'Éducation nationale, à conduire un programme d'éducation des adolescents/tes sur les problèmes et phénomènes de population. A cet effet, un programme de promotion de l'éducation à la vie familiale et de l'éducation relative à l'environnement a été mis en œuvre dans les établissements d'enseignement moyen et secondaire du Sénégal dans le but d'éveiller la conscience des jeunes et de favoriser les changements de comportements en la matière.

Les cibles en sont les élèves (12-13 ans) et les professeurs de l'enseignement moyen et secondaire. La stratégie du GEEP s'est traduite au niveau de ces établissements par la mise en place des clubs d'Éducation à la vie familiale (EVF) afin de créer un espace de communication permettant un dialogue permanent sur les problèmes de santé reproductive des adolescents/tes, d'environnement et de développement durable.

Le nombre de clubs EVF installés dans l'espace scolaire et universitaire aussi bien en zone urbaine que rurale est passé de 73 en juillet 1996 à 130 en mars 1998. Le réseau est constitué de 1500 leaders-élèves-animateurs (LEA) et de 500 professeurs-relais-techniques (PRT).

Le développement des clubs EVF se déroule dans un contexte marqué par une très forte demande de jeunes en informations, en échanges d'expériences et de contacts. A contrario, le nombre grandissant de clubs et leur éparpillement sur une vaste étendue géographique rendent de plus en plus difficile la communication entre l'équipe exécutive du GEEP basée à Dakar et les clubs EVF eux-mêmes.

Pour améliorer cette situation, il s'est avéré utile d'expérimenter, lors du deuxième festival des clubs EVF sur le thème «Les clubs EVF à l'orée du 21e siècle», l'utilisation des TIC, par la création d'un espace cyber jeunes avec la participation des élèves qui ont montré de grandes capacités d'innovation et d'appropriation de ces outils. Avec les résultats positifs obtenus à cette occasion, la création de ces espaces cyber jeunes a été recommandée par le biais d'un projet visant à améliorer le modèle d'apprentissage, d'animation et de communication. Une douzaine d'espaces cyber-jeunes seront ainsi testés à travers le réseau national des clubs, ce qui permettra de capitaliser et de valoriser leur acquis, de promouvoir l'utilisation à distance du modèle interdisciplinaire d'enseignement de la population, d'étudier l'impact de l'introduction des TIC dans les activités des clubs pour une grande ouverture vers la communauté, de renforcer les échanges entre les clubs d'une part et avec les jeunesses du club 2/3 du Canada de l'autre.

Objectif général

L'expérimentation prévoit l'amélioration du modèle d'apprentissage, d'animation et de sensibilisation mis en œuvre par les clubs EVF sur les questions de population, d'environnement et de développement durable par l'introduction des technologies de l'information et de la communication, par l'installation d'espaces cyber-jeunes dans les établissements d'enseignement moyen et secondaire du Sénégal.

Objectifs spécifiques

I.   Mettre en place douze (12) espaces cyber jeunes à travers le réseau national des clubs EVF du Sénégal.

II.   Valoriser et capitaliser les acquis des clubs EVF et mettre en place un réseau d'échange entre le réseau des clubs EVF et les jeunesses 2/3 du Canada.

III.   Développer les capacités des clubs EVF pour une plus grande ouverture vers la communauté.

IV.   Promouvoir l'utilisation à distance du modèle interdisciplinaire d'enseignement de la population

V.   Étudier l'impact de l'accès aux TIC dans les activités des clubs EVF et dans l'amélioration des performances scolaires des élèves.

124

Projet n°651198: Utilisation et appropriation des nouvelles technologies de l'information et de la communication par les organisations populaires au Sénégal

Résumé

Avec la pauvreté grandissante du fait de la conjugaison de plusieurs facteurs internes et externes liés aux politiques d'ajustement structurel et au désengagement de l'État, des dynamiques populaires s'organisent dans les quartiers en zone urbaine et péri-urbaine autour d'objectifs d'amélioration et de gestion des conditions de vie de plus en plus difficiles auxquelles sont confrontées divers groupes défavorisés. En développant ce qu'il est convenu d'appeler l'économie populaire, ces organisations s'autonomisent de plus en plus et souhaitent renforcer leurs capacités stratégiques et opérationnelles leur permettant de mieux peser sur le cours des événements et de se poser en interlocuteurs directs pour toutes les questions les concernant.

Cependant, l'absence des organisations populaires des circuits normalisés de communication limite considérablement la portée et l'impact de leurs actions de développement qui restent circonscrites localement et dans le temps. Pour cette raison, ces organisations développent des stratégies de communication et commencent timidement, dans certains cas, à profiter des ressources et opportunités qu'offrent les NTIC.

Avec ce projet qui s'inscrit dans une optique de renforcement de ces dynamiques populaires, une méthodologie de recherche-action formatrice est mise en œuvre pour permettre aux organisations concernées d'utiliser ces technologies et de se les approprier durablement et socialement par le biais d'un réseau de centres de ressources communautaires qu'elles gèrent elles-mêmes.

Objectif général

Le projet vise à renforcer les capacités opérationnelles et stratégiques des organisations populaires par l'utilisation et l'appropriation des TIC à travers un réseau coordonné de centres de ressources communautaires, gérés par les groupes que forment les acteurs locaux.

Objectifs spécifiques

I. Participation effective des groupes d'acteurs locaux par un processus de Recherche-action-formation (RAF) dans toutes les étapes de programmation, de prise de décisions, de mise en œuvre et d'évaluation des actions concernant l'utilisation et l'appropriation des TIC par ces groupes.

II. Création de capacités au sein d'Écopole pour gérer le réseau et fournir un appui technique aux acteurs locaux.

III. Création de compétences techniques au sein des groupes populaires participants à la RAF.

IV. Repérage et valorisation des ressources de l'économie populaire détenues par les groupes.

V. Expérimentation des centres de ressources communautaires dans huit (8) sites situés dans les zones urbaines et péri-urbaines de grande pauvreté à Dakar.

VI. Évaluation participative du processus, des outils et des résultats afin de mesurer leur impact réel sur les capacités des organisations populaires ciblées.

Projet n°978261-01: Introduction des TIC dans la gestion et la réhabilitation des terroirs villageois

Résumé

La région de Tambacounda couvre le tiers du territoire sénégalais et possède d'importantes potentialités pastorales, hydro-agricoles, forestières et minières. La qualité et l'étendue des terres, la relative bonne pluviométrie font de la région une zone d'expansion agricole alternative et un axe de migration depuis le bassin arachidier qui arrive à saturation et dont les rendements s'amenuisent. En dépit des potentialités dont recèle la région, les communautés de base y vivent des situations d'extrême fragilité économique, sanitaire, sociale qui en font l'une des zones les plus marquées par la pauvreté.

L'enclavement des terroirs villageois et leur trop grande dispersion conviennent mal à une région déjà très peu dotée en infrastructures, notamment de communications. Cette situation accroît considérablement les coûts des programmes de développement et a des répercussions négatives sur les activités économiques dont l'accès aux marchés pour l'écoulement des productions à des conditions suffisamment intéressantes. Pour contrer de tels effets, la Fondation rurale pour l'Afrique de l'Ouest (FRAO) appuie depuis 1993 le Groupe d'action pour le développement communautaire (GADEC) à la définition et à l'exécution d'un Programme de gestion et de réhabilitation des terroirs villageois (PRGTV). La démarche GTV est une approche d'ensemble concertée des contraintes et opportunités identifiées à un espace rural, qui vise la gestion durable des ressources de ce terroir, et fonde ses interventions sur le dialogue entre toutes les parties, l'analyse des phénomènes naturels et socio-politiques dans leur complexité et leurs inter-relations, de même que l'intégration des activités de développement.

L'enjeu du développement de la région se pose, dans une large mesure, en termes d'accès des populations rurales et de leurs élus aux moyens d'information et de communication. En effet, la configuration géographique des terroirs de la région et la faiblesse, voire l'inexistence en certains endroits, de moyens publics et privés de communication de masse (radio notamment), induisent des processus qui freinent l'affermissement de l'autonomie des communautés de base, leur accès au savoir, leurs interactions avec les autorités politiques et les autres partenaires au développement, ou leurs relations d'échanges avec l'extérieur. Pour toutes ces raisons, la région de Tambacounda constitue un cadre socio-géographique exceptionnel pour expérimenter, valider ou reformuler les hypothèses de base d'Acacia liées à l'accès des communautés de base aux TIC pour assurer leur propre développement. C'est dans ce cadre que la FRAO et le GADEC se proposent d'expérimenter la stratégie Acacia dans la problématique de la gestion des terroirs villageois. Il s'agira de mener des interventions visant l'utilisation des TIC et d'en apprécier les impacts sur l'état et les modes de gestion des ressources des terroirs, et généralement sur les activités économiques et socio-éducatives des populations rurales, tout en validant les paramètres liés à l'acceptabilité des innovations et à leur appropriation par les différents acteurs.

La démarche sera basée sur les méthodologies de développement participatif des technologies et donnera lieu à des activités de formation et de production d'outils qui serviront aux acteurs associés à la mise en œuvre de la stratégie Acacia au Sénégal.

Objectif général

Il consiste à mener des interventions visant l'utilisation des TIC et d'en apprécier les impacts sur l'état et les modes de gestion des ressources des terroirs, sur les activités économiques et socio-éducatives des populations, tout en validant des paramètres liés à l'acceptabilité des innovations et à leur appropriation par les différents acteurs.

Objectifs spécifiques

Axe 1: Procéder à des études-diagnostics participatives du système d'information et de communication communautaire dans trois terroirs villageois objets des interventions du programme PGRTV/DG; élaborer une caractérisation de ces systèmes d'information et de communication dans leurs relations à l'état et au mode de gestion des ressources des terroirs.

Axe 2: Identifier et procéder à des choix concertés de solutions technologiques susceptibles de lever les contraintes d'accès à l'information et de communication des populations dans ces zones; analyser et apprécier l'impact de l'introduction de ces technologies sur l'état et les modes de gestion des ressources de ces terroirs.

Axe 3: Procéder à une analyse des différents phénomènes politiques, économiques, sociaux et culturels qui ont pu agir sur le processus d'introduction des technologies et apprécier leur importance relative sur les changements observés; élaborer et proposer une démarche de mise en place de concepts de système d'information et de communication alliant des ensembles de technologies (nouvelles, classiques et traditionnelles) adaptées aux besoins et à la situation des ruraux.

Axe 4: Initier une trentaine de membres de cadres de concertation mis en place au niveau du projet ACACIA, aux concepts et outils participatifs: de diagnostic d'un SIC communautaire en milieu rural, de négociation et de planification liées à l'introduction des TIC dans les communautés rurales et d'évaluation des projets et programmes communautaires.

Résultats attendus

Autour de la problématique de base définie dans le cadre du projet Acacia, à savoir l'accès des communautés de base aux TIC, les résultats globaux attendus du projet sont:

* La compréhension d'un ensemble de phénomènes liés aux processus d'introduction des NTIC dans le cadre programmatique de gestion des terroirs villageois.
* La définition d'un concept de Système d'information et de communication communautaire (SIC) bâti à partir d'ensembles de technologies combinant des ressources traditionnelles et modernes appropriées à la situation des ruraux.
* La production et la diffusion de guides méthodologiques, de fascicules, d'articles et de matériaux audiovisuels portant sur les différents domaines et étapes de l'expérimentation. En même temps, le projet Acacia/GTV, en conformité avec les orientations définies au sein du mécanisme transversal de concertation mis en place par Acacia, propose aux partenaires des situations d'apprentissage de méthodologies participatives de travail avec les communautés rurales.
* L'initiation d'une trentaine d'acteurs de la concertation dans le cadre du programme Acacia en méthodologies participatives d'études-diagnostic des contraintes et de négociation de programme de développement avec les communautés rurales.

Projet n°65211: TIC et décentralisation du Trade Point/ Sénégal

Résumé

À l'ère de la mondialisation de l'économie largement impulsée par le développement sans précédent des TIC, l'impératif de la compétitivité devient un enjeu fondamental pour les pays en quête de croissance. C'est dans ce cadre que le IX⁰ Plan d'orientation pour le développement économique et social du Sénégal (1996-2001), placé sous le double signe de la compétitivité et du développement humain durable, vise à obtenir un taux de croissance élevé tout en préservant les capacités de développement.

Or le Sénégal, comme la plupart des pays de la sous-région, est resté longtemps à l'abri de la concurrence internationale du fait de multiples situations protectionnistes. Les enjeux actuels de l'économie mondiale lui imposent donc de renforcer la concurrence au sein de l'économie nationale et de développer la coopération avec ses partenaires extérieurs. Il devra à cet effet poursuivre la libéralisation, la déréglementation, l'ouverture des frontières et la restructuration du système productif. L'environnement national jouant un rôle central dans la compétitivité, son analyse permet de révéler de nombreux facteurs qui entravent actuellement la création d'avantages comparatifs.

Ces facteurs sont la réglementation excessive des procédures autour du commerce, le déséquilibre spatial entre Dakar et les régions intérieures, ainsi que la dispersion des sources d'information et leur manque de fiabilité. C'est pourquoi les acteurs économiques nationaux ont saisi les opportunités offertes par le Programme sur l'efficacité commerciale de la CNUCED pour s'insérer dans le réseau mondial des Trade Points qui, par le biais des TIC, offrent aux utilisateurs divers services (centre de facilitation des procédures, point d'accès à l'information commerciale mondiale, et centre de conseil et d'assistance pour l'efficacité commerciale).

La Fondation Trade Point/Sénégal se fixe pour mission la promotion des exportations sénégalaises, la rationalisation des importations et l'attraction des investisseurs étrangers. Cette mission trouve sa pertinence dans la prise en compte de la globalité du Sénégal. Pour cela les services offerts par l'autenne TPS doivent être accessibles à l'ensemble des opérateurs économiques situés dans les régions du Sénégal. Le projet de décentralisation du Trade Point est initié dans ce cadre. La décentralisation a pour mission la réalisation de la politique d'accessibilité aux produits et services du TPS par les acteurs économiques locaux, pour leur permettre de tirer utilement profit des opportunités que leur offre la mondialisation. Ceci passe par la mise en place d'un vaste réseau d'antennes communautaires, dotées des NTIC à quatre niveaux:

- les antennes régionales situées aux différents niveaux des collectivités locales: régions, communes et communautés rurales;
- les télécentres agréés dans chaque région permettront de mieux asseoir la stratégie de proximité en permettant l'accès aux services du TPS, jusque dans les quartiers d'habitation des opérateurs économiques;

- les points relais installés au niveau des sièges des organisations socio-professionnelles;
- les antennes internationales installées dans les missions diplomatiques du Sénégal. La mise en place de ce réseau devrait permettre: la redynamisation des échanges intérieurs, l'amélioration de la balance commerciale, l'attraction des investisseurs étrangers, la vulgarisation des NTIC.

Objectif principal

Il s'agit d'expérimenter la décentralisation des services offerts par le Trade Point/Sénégal aux acteurs économiques intervenant dans les localités situées hors de Dakar, la capitale, en utilisant les TIC par le truchement d'un réseau d'antennes communautaires implantées à différents niveaux des collectivités locales dans deux régions du pays.

Objectifs spécifiques

1. Identification et sélection des sites pilotes d'implantation des antennes communautaires.
2. Diagnostic participatif du contexte socio-économique des sites-pilotes et l'identification des besoins et attentes des acteurs économiques des sites pilotes et l'identification des besoins et attentes des acteurs économiques locaux.
3. Détermination de la configuration et des fonctions des antennes communautaires afin d'en tester les modes opératoires dans les différents contextes locaux.
4. L'élaboration d'une stratégie et d'un plan pour assurer la viabilité des antennes communautaires
5. L'évaluation de la phase expérimentale en vue de l'extension des antennes communautaires dans d'autres sites à travers le pays
6. L'extension de la décentralisation aux autres régions.

Résultats attendus

1. L'accès à l'information nationale et internationale des populations rurales au même niveau et en même temps que les populations urbaines.
2. Une amélioration de l'efficacité commerciale des producteurs ruraux et

131

des entrepreneurs du secteur informel. Avec les possibilités d'insertion sur le réseau, les producteurs des régions intérieures (artisans, groupements économiques de femmes et de jeunes, etc.) pourront faire connaître leur production à l'intérieur et à l'extérieur du Sénégal.

3.   L'intensification des actions de promotion en faveur des artisans et des opérateurs économiques ruraux en général: en permettant l'accès aux meilleures sources d'approvisionnement et en assurant une formation de qualité, le Trade Point contribuera à asseoir le label sénégalais sur une production de biens de qualité. Cette qualité des produits (normes, finition et présentation) sera déterminante dans la politique nationale du commerce extérieur. Dans cette lancée, le Trade Point/Sénégal envisage de développer des actions de promotion intensive en faveur des produits nationaux, à travers les foires virtuelles organisées sur Internet.

4.   La stabilisation de l'exode rural, voire l'inversion de la tendance grâce à l'émergence de nouveaux entrepreneurs ruraux.

Bibliographie

Achia, R., 2000, *A Communication to the Subsistence Farmer: An Overview of Possible Methods, Tools and Media*, A Working Paper, FAO, Kampala, Uganda

Adam, L. et Wood, F. 1999, «An Investigation of the Impact of Information and Communication Technologies in Sub-Saharan Africa», *Journal of Information Science*, 25, no. 4 pp. 307-318.

Adeya, N. 2001, *Information and Communication Technologies in Africa: A Review and Selective Annotated Bibliography 1990-2000*, juin, http://www.inasp.org.uk/pubs/ict/index.html.

Agonga, A., 2000, «A report of the Pan-African Study on Information and Communication Technologies and Community Development», December.

Brodnig, Gernot and Mayer-Schönberger, Victor 2000, «Bridging the Gap: The Role of Spatial Information Technologies in the Integration of Traditional Environmental Knowledge and Western Science», in *The Electronic Journal on Information Systems in Developing Countries*, vol. 1, http://www.is.cityu.edu.hk/ejisdc.htm.

Burton, Simon, 2001, «Msunduzi Community Network (Phase 1), An Evaluation Report», IDRC Johannesburg, février (non publié).

Byron, I. and Gagliardi, R., 1998, *Communities and the Information Society: The Role of Information and Communication Technologies in Education*, UNESCO, International Bureau of Education (IBE) http://www.idrc.ca/acacia/studies/ir-unes.htm

Camara El Hadj Habib et Thioune Ramata, 2001, «Évaluation de projets d'introduction des TIC dans les écoles : cas des espaces cyber jeunes dans l'environnement scolaire sénégalais», Acacia/CRDI, janvier (non publié).

Credé, Andréas et Mansell, Robin, 1998, *Les Sociétés du Savoir*, Les Editions du CRDI, mars.

Cole, A. *et al.*, 1994 «Information Technology and Gender. Problems and Proposals», *Gender and Education*, vol. 6, no. 1, p 77-84.

Davison, Robert *et al.*, 2000, «Technology Leapfrogging in Developing Countries: An Inevitable Luxury?», in *The Electronic Journal on Information Systems in Developing Countries*, vol. 1. http://www.is.cityu.edu.hk/ejisdc.htm.

Dieng Mor, Sène Khamathe, Sow Pape Touty, 2001, «Étude panafricaine sur les télécentres/Sénégal », Acacia/CRDI, mai (non publié).

Etta, F.,2000, «Technical Assessment of FASI Project titled Enhancing Women's Participation in Governance through Increased Access to Civic Information, Information and Communication Technologies», avril, (non publié)

Etta F., Aquinata A., and Salome K., 2001, «A Study On Information And Communication Technologies and Community Development», Final Research Report, IDRC Nairobi, 2 (non publié).

Fluck, A. E., 1995, «Computers in Schools - A Framework for Development: A Discussion Paper from the Australian Computer Society and the Australian Council for Computers in Education», http://www.lare.tased.edu.au/acspaper/compsch1.htm.

Howkins, John et Valentin, Robert, 1997, «Le développement à l'âge de l'information: quatre scénarios pour l'avenir des technologies de l'information et des communications»; CRDI et la Commission des sciences et de la technique au service du développement (ONU): http://www.idrc.ca/books/836/index.html.

Institute of Economic Affairs, 2001, «Telecom Liberalisation: Empowering Kenyans in the Information Age» Nairobi, Kenya, juillet.

International Telecommunications Unions, 1997, *«Challenges to the Network: Telecoms and the Internet»*, IUT, Genève,

Katia, S., 2001, «The Data Collection Exercise of the IDRC sponsored FASI Project Information Communication Technologies (ICTs) and Community Development carried out in Makueni District- Kenya», décembre (non publié).

Kemei. C. Christopher., 2001, «Status of Telecoms in Kenya», A CCK Report, août.

Kibombo, R. & Kayabwe S., 2000, «A Baseline Study on Economic Empowerment of Women Through the Use of ICTs in Uganda», Report for CEEWA-U, octobre.

Lohento, Ken, 2001, «Maîtrise sociale des TIC en Afrique: analyse

134

d'expériences d'utilisation des NTIC»; kenloh@avu.org; www.beninnet.mailme.org; www.oridev.org, avril.

Makunja, C., 2000, «Report of Document Analysis for the Study of Lessons learned from ICTs and Community Development», janvier.

Mureithi, M., 2001, «Liberalising Telecommunications: A Policy and Regulatory Review», juin.

Narathius, Asingwire, 2001, «An Evaluation Study of Economic Empowerment of Women through ICTS and AHI - Acacia projects in Uganda», IDRC Nairobi April (non publié).

Nath, Vikas, 2000, *Heralding ICT Enabled Knowledge Societies Way forward for the Developing Countries Innovator,* KnowNet Initiative, London School of Economics Inlaks Scholar (2000-1); http://www.vikasnath.org, April.

Ndiaye, Abdoulaye, 2000, Évaluation du projet «Décentralisation du Trade Point/Sénégal», CRDI, novembre (non publié).

Nor, Azan *et al.*, 2000, «Gender Differences in Computer Literacy Level Among Undergraduate Students in University Kebangsaan Malaysia (UKM)» in *The Electronic Journal on Information Systems in Developing Countries*, vol. 1, http://www.is.cityu.edu.hk/ejisdc.htm.

«Rapport d'avant-projet du schéma régional d'aménagement du territoire de Kaolack», 1994, Commission régionale d'aménagement du territoire de la région de Kaolack, octobre.

«Rapport d'avant-projet du schéma régional d'aménagement du territoire de Diourbel», 1994, Commission régionale d'aménagement du territoire de la région de Diourbel, octobre.

«Rapport d'avant-projet du schéma régional d'aménagement du territoire de Saint-Louis», 1994, Commission régionale d'aménagement du territoire de la région de Saint-Louis, octobre.

«Rapport d'avant-projet du schéma régional d'aménagement du territoire de Tambacounda», 1994, Commission régionale d'aménagement du territoire de la région de Tambacounda, octobre.

«Rapport mondial sur le développement humain 2001», De Boeck Université pour le PNUD, 2001.

Rathgeber, Eva M., 2000, «Les femmes, les hommes et les technologies de l'information et des communications en Afrique: pourquoi il y a un problème d'inégalité des sexes » in *L'inégalité des sexes et la révolution de l'information en Afrique* sous la direction d'Eva M. Rathgeber et d'Edith Ofwona Adera, CRDI, http://www.idrc.ca/acb/showprod.cfm? &DID = 6&CATID =15 & ObjectGroup_ID = 40.

Republic of Kenya, «Kakamega District Development Plan 1997-2001», Office of the Vice-President & Ministry of Planning and National Development.

Republic of Kenya, *Kenya Gazette Supplement* No. 64 (Acts No 3) ACTS, November, 1998.

Republic of Kenya, «Makueni District Development Plan 1997- 2001», Office of the Vice-President & Ministry of Planning and National Development.

Sèye R., Thioune R., Sène K., 2000, «Plan d'orientation méthodologique pour ELSA/ACACIA Etude TIC pour le développement», CRDI Dakar, septembre (non publié).

Subhash, Bhatnagar, 2000, «Social Implications of Information and Communication Technology in Developing Countries: Lessons from Asian Success Stories» in *The Electronic Journal on Information Systems in Developing Countries*, vol. 1; 2000 http://www.is.cityu.edu.hk/ejisdc.htm.

Stratégie Acacia au Sénégal, 1997, document préparé pour le CRDI/l'Intiative Acacia, janvier, www.idrc.ca/acacia/outputs/op-seng.htm.

Thioune, Ramata Molo, 2000, «Évaluation du projet d'introduction des TIC dans la gestion et la réhabilitation des terroirs villageois», CRDI, novembre (non publié).

Thioune, Ramata et Sène Khamathe, 2001, «Technologies de l'information et de la communication et développement communautaire: leçons apprises de projets Acacia: cas du Sénégal», Rapport provisoire; Evaluation and Learning System for Acacia/ELSA, CRDI Dakar, juillet (non publié).

Uimonen, Paula, 1997, «Internet as a Tool for Social Development», Department of Social Anthropology, Stockholm University, United Nations Research Institute for Social Development (UNRISD), Geneva, Paper presented at the Annual Conference of the Internet Society, INET 97, Kuala Lumpur, 24-27 June , http://www.sil.org/ethnologue/countries/keny.html.

Whyte, A., 2000, *Assessing Community Telecentres: Guidelines for Research*, IDRC, Ottawa.

Ziliotto, Antonio, 1989, *Qui sauvera le paysan africain?* AIDI, Association italienne pour le développement international.